Die sozialen Aufgaben
der
deutschen Städte.

Zwei Vorträge,

gehalten

auf dem ersten deutschen Städtetage zu Dresden

am 2. September 1903

von

Dr. Adickes, und **Geh. Finanzrat a. D. Beutler,**

Oberbürgermeister in Frankfurt a. M.   Oberbürgermeister in Dresden.

Leipzig,

Verlag von Duncker & Humblot.

1903.

Alle Rechte vorbehalten.

Vortrag

von

Oberbürgermeister **Dr. Adickes**

in Frankfurt a. M.

Herr Präsident — meine Herren!

Der Aufforderung zur Übernahme eines einleitenden Referates über „Die sozialen Aufgaben der Städte" für den hier versammelten Städtetag nachzukommen, habe ich mich nur zögernd und unsicher und lediglich im Gefühl einer nicht wohl abzulehnenden Pflichterfüllung entschließen können.

Denn unendlich und unübersehbar ist die Fülle der Gesichte, die vor unseren Augen aufsteigt, wenn wir zwei der bedeutendsten Erscheinungen der neueren Entwicklung: die Zusammendrängung eines immer größer werdenden Bruchteiles der Bevölkerung in schnell wachsenden Städten und das soziale Problem miteinander in Beziehung setzen. Und wenn ich auch nach der mit meinem Herrn Korreferenten vereinbarten Arbeitsteilung nur die historische Seite und einige grundsätzlich wichtige Fragen zu behandeln habe, wie könnte ich im engen Rahmen eines kurz bemessenen Vortrages hoffen, aus dem ungeheuren Material, oder richtiger aus dem mir zugänglichen Teile desselben, wirklich die Punkte von entscheidender Bedeutung herauszugreifen und meine Auffassungen hinreichend zu begründen? Nur die Gewißheit, daß Ihrer Sachkunde, m. H., auch Andeutungen genügen, und das Vertrauen auf Ihre verständnisvolle Nachsicht gegenüber einem Kollegen, dem es — wie Ihnen — im Joch der Tagesarbeit an Muße und Sammlung für eine durchgearbeitete Darstellung fehlt, haben mir das Wagnis möglich gemacht[1].

---

[1] Der Inhalt der Anmerkungen hat im mündlichen Vortrag nur teilweise wiedergegeben werden können.

Allumfassend ist die soziale Strömung, in der wir treiben. Zu den Staatswissenschaften haben sich längst, Platz heischend, die Sozialwissenschaften gesellt; Strafrecht, ja auch bürgerliches Recht wird von sozialen Gesichtspunkten aus beleuchtet, und die Historiker studieren mit Nachdruck die soziale Entwicklung, in der Neuzeit wie im Altertum und Mittelalter. Naturwissenschaftliche Anschauungen und Vorstellungen werden auf soziale Verhältnisse, deren Gesamtheit als der soziale Körper eines Volkes vorgestellt wird, übertragen, — wir sprechen von Sozialhygiene und sozialer Medizin, und die moderne Technik mit ihrer wunderbaren Gestaltungskraft ist als sozialer Faktor ersten Ranges anerkannt. Die politischen Parteien werden immer bewußter zu Trägern sozialer Forderungen und die besonderen sozialen Pflichten der verschiedenen Kreise, insbesondere der Gebildeten und Besitzenden, sind nicht weniger oft Gegenstand bedeutsamer Erörterungen gewesen als die sozialen Aufgaben der Kirchengemeinschaften, des Staates und der Gemeinden. Wir haben soziale Pastoren und die Philosophen und Theologen lehren neben der alten Individualethik jetzt auch Sozialethik und behandeln die soziale Frage, deren wirtschaftliche und rechtliche Seite Nationalökonomen und Juristen erörtern, als ethische und religiöse Frage. Und wenn gelegentlich einer Umfrage über die größte Tat des 19. Jahrhunderts ein Frankfurter Dichter, Ludwig Fulda, die Entdeckung des sozialen Gewissens als solche Tat bezeichnet hat, so mag dies zwar insofern nicht ganz zutreffend sein, als auch den großen Staatsmännern und den patriarchalisch sorgenden Beamten des absoluten Staates ein starkes soziales Pflichtbewußtsein eigen war — aber für die Gesamtheit des Volkes ist diese Entdeckung in der Tat erst jetzt gemacht worden. So ist die soziale Strömung, in der wir treiben, in Wirklichkeit allumfassend und Sozialpolitik, das Schlagwort des Tages. Fragen wir aber: Was ist sozial und Sozialpolitik und was sind soziale Aufgaben? so erhalten wir auseinandergehende Antworten.

Ich muß daher, um für die Behandlung meines Themas die erforderliche Höhe und Sicherheit des Standpunktes zu gewinnen, schon um die Erlaubnis bitten, einen wenn auch nur flüchtigen Rückblick auf einige der bedeutsamsten Tatsachen aus der Entwicklung von Staat und Gesellschaft in den letzten 150 Jahren werfen zu dürfen.

Bekanntlich herrschte in der Mitte des 18. Jahrhunderts in den politisch zentralisierten und wirtschaftlich entwickelteren Nachbarländern England und Frankreich wie in dem kleinstaatlich verkümmerten Deutschland das unter dem Namen **Merkantilismus** bekannte, aus der politischen Entwicklung herausgebildete System der Ordnung aller Vorgänge des wirtschaftlichen Lebens durch die organisierte **Gemeinschaft**, den Staat, seine Gesetze und seine Beamten. Landwirtschaft, Gewerbe und Handel, Ein- und Ausfuhr, Schiffahrt und Verkehr, alles unterlag der staatlichen Regelung, und staatliche Maßnahmen sollten im Wettstreit mit den anderen Ländern den Wohlstand aller auf das erreichbar höchste Maß erheben. Die Freiheit des einzelnen tritt — wenigstens auf dem Kontinent — vor dem Gedanken der Entwicklung der Gesamtkräfte des Staates völlig zurück, die umfassendste staatliche Tätigkeit — Polizei im weitesten Sinn — beherrscht alles: es ist die Zeit des **Polizeistaates.**

Demgegenüber setzt nun im Anschluß an die in der Renaissance- und Reformationszeit begonnenen Kämpfe für die Glaubens- und Gewissensfreiheit des einzelnen und für das Recht der freien Wissenschaft und Forschung eine gerade entgegengesetzte Strömung ein, welche auf Grundlage einer völlig **individualistischen naturrechtlichen Konstruktion des Staates** — auch Rousseaus Gesellschaftsvertrag, contrat social, ist ganz individualistisch — und einer gleichfalls individualistischen Naturlehre der Wirtschaft und im Glauben an die Dogmen von der natürlichen Güte der menschlichen Natur und von dem wohlverstandenen Eigennutz als dem besten Förderer des allgemeinen Wohles die staatlichen Eingriffe in den natürlichen Entwicklungsgang als hemmend und schädigend verwarf und die rechtliche Freiheit und Gleichheit des Individuums zum Grund- und Eckstein des neu aufzuführenden Gesellschaftsgebäudes gemacht haben wollte. Und ein allgemeiner Jubel durchbrauste die Welt, als im Anschluß an die Verfassungen der jungen nordamerikanischen Staaten am 26. August 1789 in Frankreich durch Art. I der Déclaration des droits de l'homme et du citoyen — „Les hommes naissent et demeurent libres et égaux en droits" — eben jene Grundrechte aufgestellt wurden.

Allein je mehr nun in schnellerer oder langsamerer Entwicklung jene Grundsätze in Wirklichkeit umgesetzt wurden, um so stärker erwuchs in immer weiteren Kreisen die Überzeugung, daß die erträumte gleiche Glückseligkeit aller auf diesem Wege nicht erreicht, daß insbesondere eine ganz außerordentliche tatsächliche Ungleichheit und wirtschaftliche Abhängigkeit großer Volksteile durch die ausgedehnteste rechtliche und politische Freiheit und Gleichheit nicht ausgeschlossen, durch die wirtschaftliche Freiheit aber mit Notwendigkeit herbeigeführt wurde. Unendlich lehrreich ist hier vor allem die Entwicklung in Frankreich, wo maßlose Mißbräuche der privilegierten Klassen und ein unfähiges, unter den Sünden seiner Vergangenheit leidendes Königtum einen furchtbaren Zusammenstoß der neuen Ideen mit dem bestehenden Regime herbeiführten: jene große Revolution, der dann eine Reihe kleinerer folgte.

In voller Übereinstimmung mit der staatswissenschaftlichen Literatur des 18. Jahrhunderts, in welcher als selbstverständlicher Bestandteil der Freiheit auch die gesicherte Möglichkeit des Erwerbes und Besitzes von Eigentum betrachtet wird, und im engen Anschluß an die für die übrigen nordamerikanischen Staaten vorbildliche Verfassung von Virginia vom 12. Juni 1776[1] bezeichnete die genannte Déclaration des droits in ihrem Art. II die Erhaltung der natürlichen und unverjährbaren Rechte des Menschen als Zweck jeder politischen Gesellschaft und nannte als solche: la liberté, la propriété, la sûreté et la résistance à l'oppression, während der Art. XVII nochmals das Eigentum als inviolable et sacré hinstellte. Und so große Veränderungen in der Verteilung, besonders des Grundeigentums, auch die Revolution herbeiführte, so bestimmt man auch die Gefahren starker Vermögensunterschiede erkannte und namentlich durch Einschränkungen der Testierfreiheit und der Ungleichheit der Erbteile zu verhindern suchte[2], so groß auch die Menschenopfer waren, welche von der Schreckensherrschaft ihrem Idol, der Gleichheit, gebracht wurden: an dem Eigentum als solchem hat man nicht gerüttelt. Erst als Robespierre gefallen war und nun die besitzende Klasse wieder hervortrat und ihre jeunesse dorée nach Entwaffnung der faubourgs die Straßen beherrschte, da brach in den besitzlosen Klassen der Gedanke sich Bahn, daß das Ideal der völligen Gleichheit mit dem des Privateigentums unverträglich und nur durch den Kommunismus des Besitzes und die Arbeitspflicht aller

---

[1] Vgl. H. Rehm. Allgemeine Staatslehre. 1899, S. 223, 243, 245.
[2] Schon J. J. Rousseau, Contrat social. Livre II. Chap. XI ... sagte: „ne souffrez ni des gens opulens, ni des gueux. Ces deux états naturellement inséparables, sont également funestes au bien commun — c'est toujours entre eux que se fait le trafic de la liberté publique; l'un l'achète, l'autre la vend." — Ein Dekret des Konvents vom 7. März 1793 — bei Jaurès, Etudes socialistes, 1902, S. 206 — machte unter Aufhebung der Schenk- und Testierfreiheit gleiche Erbteilung unter Deszendenten obligatorisch.

verwirklicht werden könne. Gracchus Babeuf unternahm es im Mai 1796, diese ersehnte wahre Gleichheit des Genusses und der Arbeit durch eine „majestätische Erhebung", wie er sie nannte, zu begründen. Aber die regierende Gewalt, der die Verschwörung verraten wurde, war stärker als er, und sein Haupt fiel am 26. Mai 1796.

An sich ist nun ein solches Hervortreten kommunistischer Gedanken im Laufe einer gewaltigen revolutionären Bewegung gewiß nichts Neues und Absonderliches: ich brauche nur an Thomas Münzer und die Wiedertäufer von Münster zur Reformationszeit und an die Levellers, die Gleichmacher, zur Zeit Cromwells zu erinnern. Aber was völlig neu war und immer beherrschender in die Erscheinung tritt, das ist, daß es sich dieses Mal nicht wie früher um ein schnell wieder verlöschendes Aufflackern phantastischer Gleichheitsträume handelt, das ist die Lebenskraft dieser dem Privateigentum feindlichen Gedanken, welche seit jenem Mai 1796 immer wieder hervorbrechen und von unbestimmten Träumen immer mehr zu bestimmter Gestaltung fortzuschreiten suchen. Ich kann hier nicht die lange Reihe der Schwärmer und Philantropen, der Philosophen und Nationalökonomen, der Gelehrten und Ungelehrten vorführen, welche bald mit lockenden Worten der Liebe, bald mit neid- und haßerfüllten Ergüssen, bald mit der Miene wissenschaftlicher Überlegenheit erst in England, vor allem aber in Frankreich, zuletzt bei uns die Fahne völliger oder teilweiser Beseitigung des privaten Eigentums und der gesellschaftlichen Ordnung der Produktion erhoben; eben so wenig kann ich schildern, wie in den französischen Revolutionen von 1830—1871 immer stärker ein soziales, d. h. auf Umwälzung der bestehenden gesellschaftlich-wirtschaftlichen Ordnung gerichtetes Element hervortritt. Allein unerläßlich ist es, ein Doppeltes zu betonen: einmal, daß die revolutionären Gedanken und Vorschläge nicht lediglich einem fanatischen Gleichheitsgefühl, sondern zum größeren Teil der Kritik entspringen, welche an der **individualistischen Ordnung** und den aus ihr sich entwickelnden Übelständen geübt wird, und zweitens, daß alle diese Systeme, vor allem das letzte von Karl Marx mit seiner engen Verbindung der Idee der gesellschaftlichen Revolution mit der industriellen Lohnarbeiterschaft und mit seiner Forderung der Vergesellschaftung aller Produktivmittel, ihre bislang stets wachsende Bedeutung dadurch erlangt haben, daß die infolge der Entwicklung der Industrie schnell sich vergrößernden, zu politischen Rechten, insbesondere ausgedehntem Stimmrecht und zu starkem Selbstbewußtsein gelangten Arbeitermassen immer mehr dahin geführt sind, mit diesem Sozialismus all ihre Hoffnungen und all ihren Glauben an eine Zukunft voll unsagbarer Herrlichkeit zu verbinden.

Gegenüber den auf dieser Seite stehenden **Aposteln der sozialen Revolution**, welche, unter Niederwerfung der jetzt herrschenden besitzenden Klassen, die nicht besitzende Klasse, das Proletariat, mit allen Mitteln des Klassenkampfes zur staatlichen und wirtschaftlichen Herrschaft bringen soll, um dann für immer allen Klassenunterschieden — so meinen sie — ein Ende zu machen, haben nun unzählige andere Männer aus allen politischen und religiösen Parteien, welche alle diese Systeme, auch wenn sie in ein scheinbar wissenschaftliches Gewand gekleidet sind, für unausführbare Utopien hielten und halten, den Ruf nach **sozialen Reformen** erhoben. Indem sie die sozialistische Kritik des **individualistischen Systems** vielfach und insbesondere in der Richtung als berechtigt anerkennen, daß die ungehemmte wirtschaftliche Freiheit zu einem wilden Konkurrenzkampf, der den Schwächern zu Boden wirft, und in dem nur zu oft die Gewissenlosen siegen, und zu einer Übermacht der großen Kapitalkräfte führt, welche die schwersten Gefahren für das gesamte Volksleben in sich schließt, indem sie ferner zugeben, daß die Stellung der Lohnarbeiterschaft in der industriellen Entwicklung noch eine vielfach unbefriedigende ist, fordern sie, daß von den öffentlichen Gewalten alles geschieht, was ohne Gefährdung der gedeihlichen Weiterentwicklung des staatlichen und wirtschaftlichen Lebens, ohne Untergrabung der unentbehrlichen Triebkräfte der Selbstverantwortlichkeit und der individuellen Schaffensfreudigkeit geschehen kann, um die Schwachen zu stützen, die Gewissenlosen in Schranken zu halten, der Übermacht des Kapitalbesitzes entgegenzutreten und die gesellschaftlichen Gegensätze durch Hebung der unbemittelten Klassen zu mildern. So sehen sie in der großen, keinen geringen Teil der weltgeschichtlichen Entwicklung bildenden endlosen actio finium regundorum zwischen Individuum und Gemeinschaft und den hieraus folgenden Gegensätzen von Freiheit und Zwang, privatem und öffentlichem Eigentum, ungehindertem Wirken wirtschaftlicher Kräfte und öffentlichrechtlichen Schranken den Augenblick gekommen, wo der Prozeß einmal wieder in dem angedeuteten Sinn zu Ungunsten der individuellen Freiheit revidiert und die Grenzen im Sinne einer Erweiterung der Gemeinschaftsrechte verändert werden müssen.

Auf diesem Standpunkt sozialer Reform steht auch, nach den bekannten heftigen Kämpfen der 70er und 80er Jahre die deutsche Gesetzgebung, welche in dieser Revisionsarbeit unablässig tätig ist und in deren Entwicklung die Kaiserlichen Botschaften vom 17. November 1881 und 4. Februar 1890 bedeutsame Marksteine bilden. Die gewaltigen und umfassenden Aufgaben aber, welche sich aus dieser Notwendigkeit ergeben, im Sinn solcher Reformarbeit auf die Besserung unserer sozialen oder — mit einem deutschen Ausdruck — gesellschaftlichen Verhältnisse und Zustände einzuwirken, nennen wir: soziale Aufgaben. Und damit ist auch der Inhalt unseres heutigen Themas bezeichnet. Zugleich aber erwachsen ohne weiteres aus dem Vorgesagten eine Reihe von Fragen, von denen ich folgende hervorheben möchte:

1. Was kann die Gemeinde und insbesondere die größere Stadt, je nach der Zusammensetzung und Beschäftigung ihrer Bevölkerung und nach ihrer Bedeutung als geistiger und wirtschaftlicher Mittelpunkt, für eine den gegenwärtigen Verhältnissen und Bedürfnissen entsprechende **Abgrenzung zwischen privatem und öffentlichem Eigentum und privater und öffentlicher Unternehmung** tun und wie kann sie gemeinschädlichen Wirkungen und Folgen des Privateigentums entgegentreten?
2. Welche Mittel hat sie, um in den **Konkurrenzkampf** mildernd und die Schwächeren schützend einzugreifen?
3. Mit welchen Maßnahmen kann sie **das Wohl aller Glieder unseres sozialen Körpers und den Ausgleich** gesellschaftlicher und wirtschaftlicher Gegensätze fördern?
4. Wie kann sie insbesondere die **Stellung der Arbeiterschaft** heben und bessern? und
5. Welche Forderungen ergeben sich für eine gerechte Ordnung der **städtischen Steuern, Gebühren** und sonstigen Abgaben?

Ehe ich aber auf diese Fragen im einzelnen eingehe, ist eine Auseinandersetzung mit der **Richtung unerläßlich**, welche neuerdings den Sozialismus mit der Stadtverwaltung in enge Beziehung gesetzt hat: ich meine den, namentlich in England, Frankreich und Belgien entwickelten sogen. **Munizipal-Sozialismus**[1][2].

---
[1] Die Städte der Vereinigten Staaten von Nordamerika sind hier

Bekanntlich haben wir uns erst in neuester Zeit daran gewöhnt, in dem eben angedeuteten und umfassenden Sinn von sozialen Aufgaben der Städte zu sprechen. Wohl hat man — und gerade in Deutschland, dem Land der großen Staatsdomänen und der früh entwickelten großen Staatsbetriebe — in ausgedehntem Maße seit langem die Nützlichkeit städtischen Grundeigentums und städtischer Betriebe, wie Gas- und Wasserwerke, neuerdings auch elektrischer Werke und Kleinbahnen erkannt und insbesondere in Unternehmungen monopolistischen Charakters geeignete Gegenstände städtischen Betriebes gesehen; wohl hat man auch sonst auf zahlreichen Gebieten Einrichtungen und Organisationen für Hebung der unteren Klassen geschaffen, welche wir jetzt als soziale bezeichnen, und Männer der Wissenschaft wie der Praxis haben auf die Notwendigkeit einer Ausdehnung dieser Einrichtungen und jener gemeinwirtschaftlichen Betätigung hingewiesen und hingewirkt. Allein ein **Bedürfnis, die ganze städtische Verwaltung vom Standpunkt sozialer Reformtätigkeit aus zu betrachten und vollständige Systeme städtischer Sozialpolitik aufzustellen**, ist doch — entsprechend der langsam aber unaufhaltsam wachsenden Erkenntnis von den sozialen Aufgaben aller Klassen — erst seit einer kurzen Reihe von Jahren hervorgetreten. Der wirksamste **Anstoß** hierzu kam aus **England Frankreich und Belgien**.

---

ganz außer Betracht gelassen, nicht nur weil mir genügendes Material fehlt, sondern auch, weil dies „Land der unbegrenzten Möglichkeiten", mit seinen von den unseren so völlig verschiedenen Hülfsquellen, Einrichtungen und Traditionen nur auf Grund sehr umfassender Betrachtungen zum Vergleich herangezogen werden könnte. — Ebenso mußten die sehr interessanten Entwicklungen in Australien außer Betracht bleiben.

[2] Für die schwierige Beschaffung des Materials für die folgende Darstellung bin ich dem „Sozialen Museum" in Frankfurt a. M. (Direktor Dr. Stein), das mir unermüdlich und opferwillig half, zu größtem Dank verpflichtet.

Auf den erſten Blick wird eine führende Stellung Eng= lands, auf deſſen Boden die induſtrielle Entwicklung und das raſche Wachstum großer Städte zuerſt eingeſetzt hat, auf dieſem Gebiete nur natürlich erſcheinen. Und in der Tat verdanken wir England ſeit langem zahlreiche große und vorbildliche Werke und Unternehmungen ſtädtiſcher Fürſorge für Geſundheit und Bildung, über welche das bekannte Buch[1] von Hugo Lindemann guten Aufſchluß gibt. Allein auch hier iſt jenes Bedürfnis einheitlicher Zuſammenfaſſung erſt neuerdings fühlbar geworden. So lange nämlich in Eng= land theoretiſch und praktiſch die individualiſtiſche Volks= wirtſchaftslehre herrſchte — und dieſe Herrſchaft dauerte trotz Carlyle und Ruskin und der ſog. chriſtlichen Sozialiſten weit einheitlicher und umfaſſender als in Deutſchland bis in das vorletzte Jahrzehnt des vorigen Jahrhunderts — ſo lange lag eine Formulierung ſozialer Gedanken überhaupt fern, und der deutſche Verſuch ſtaatlicher Reformarbeit wurde als verwerflicher state socialism gerade in England bekämpft. Es iſt daher eine eigene Ironie des Schickſals, daß — ſchon wenige Jahre ſpäter — der Begriff und die Aufgaben des municipal socialism in England ihre erſte Prägung erhielten. Es hing dies ſowohl mit dem allgemeinen, durch Henry George's packende Schriften über nationalization of land hervorragend geförderten Umſchwung der volkswirtſchaft= lichen Auffaſſungen, als mit den großen Umgeſtaltungen des geſamten kommunalen Lebens zuſammen, welche in Ver= wirklichung radikaler Programme zuerſt durch die Städte= ordnung (Municipal Code) von 1882, dann durch die Graf= ſchaftsordnung (The Local Government act of 1888), und

---

[1] Städteverwaltung und Munizipal=Sozialismus in England. 1897. — Ein lebendiges Bild von der Entwicklung einer der bedeutendſten und rührigſten Stadtverwaltungen bildet das Buch von Sir James Bell (Lord Provost of Glasgow. 1892—95. 95—96) und James Paton: Glasgow, Its Municipal Organization and Administration. 1896.

zuletzt durch die Distrikts= und Landgemeindeordnungen (The Local Government act of 1894) herbeigeführt wurden, und welche — mit Ausnahme der Verfassung und Verwaltung von London — in dem großen Werk von Redlich, über Eng= lische Lokalverwaltung 1901 eine außerordentlich lehrreiche Darstellung gefunden haben. Das entscheidende Charakte= ristikum aller dieser Ordnungen ist die Übertragung des local government in allen seinen weiten Verzweigungen auf Versammlungen (councils), welche auf Grund eines für alle Haushaltungsvorstände nahezu gleichen Wahlrechtes gewählt werden, und unter dem Vorsitz der auf kurze Perioden ge= wählten Präsidenten, Mayors und anderer, durch Ausschüsse (committees) die Verwaltung führen.

Diese so gebildeten Kommunalverwaltungen sind es, welche der englische municipal socialism in seinem Sinne in Bewegung zu setzen sucht.

Es war im Jahre 1883, als die Fabian society — die eigentliche Begründerin des municipal socialism — zu= sammentrat, um als eine society of socialists die Reorgani= sation der Gesellschaft durch Beseitigung des Privateigentums an Land und solchem industriellen Kapital anzustreben, welches zweckmäßigerweise gesellschaftlich ausgenutzt und ver= waltet werden kann (as can conveniently be managed socially). Im Sinne des alten Fabius cunctator, nach dem sie sich nannte, erhofft diese Gesellschaft nichts von gewaltsamen Angriffen und turbulenten Kämpfen, wohl aber glaubt sie in allmählicher Entwicklung durch ein Zusammenwirken von Gemeinden, Genossenschaften und Gewerkvereinen die Kapital= gewalt wirksam einengen und die Arbeiterschaft heben und zur Mitregierung und Mitverwaltung heranbilden zu können. Eine planmäßige, auf Förderung des Arbeiterwohls gerichtete Politik der kommunalen councils, sowohl ihren Arbeitern gegenüber als bei Vergebung von Arbeiten an Unternehmer, und eine konsequente Ausdehnung kommunalen Eigentums und kommunaler Unternehmungen — namentlich auch der Erbauung kommunaler Arbeiter-Wohn- und Logierhäuser — kommt dabei hauptsächlich in Frage. Zahlreiche und massenhaft verbreitete größere und kleinere Aufsätze[1] und Flugschriften (Fabian essays, tracts und leaflets) trugen, unterstützt durch Vorträge in London und anderen Städten, diese Gedanken in die weitesten Kreise hinein. Die Gesellschaft, in der das bekannte Ehepaar Sidney Webb eine führende Stellung hat, will keine neue Partei gründen, vielmehr nach der Taktik des „permeating", namentlich die liberale Partei mit ihren Anschauungen durchdringen, hat aber doch im Londoner Grafschaftsrat und in einigen Stadtverwaltungen zur Ausbildung eines Gegensatzes zwischen Progressives und Moderates geführt. Auch steht sie in enger Beziehung zur independent labor party. Und der Übergang der liberalen Partei vom rein politischen Programm von 1887 zu dem sozialen von 1891 und die Aufstellung des gleichzeitigen sog. Londoner Programms ist zum großen Teil ihren Einwirkungen zuzuschreiben[2].

In bezug auf die städtischen Unternehmungen fand sie den Boden in günstiger Weise durch die großen Betriebe vorbereitet, welche zahlreiche Städte — allerdings immer nur auf Grund besonderer Spezialgesetze (private bills) — bereits für Gas- und Wasserversorgung erfolgreich durchgeführt hatten, ferner durch den städtischen Wohnungsbau

---

[1] Vgl. Dr. M. Grunwald, Englische Sozialreformer, Eine Sammlung „Fabian Essays". Leipzig 1897.

[2] Vgl. Sidney Webb, The London Programme. 1891. p. 5. In einer Fassung von 1892 ist es in dem, für Amerikaner bestimmten, lebendig geschriebenen Buch von Albert Shaw, Municipal Government in Great Britain vom Jahre 1895 (englische Ausgabe London 1902) unter der Bezeichnung abgedruckt (p. 347—353): The London (Progressive) Platform, adopted by the London radical and liberal Union 1892.

auf Grund der Gesundheitsgesetze und die sonstige, durch zahlreiche Gesetze über Bäder, Volksbibliotheken, öffentliche Gärten und Plätze angeregte lebendige Tätigkeit der Gemeinden, über welche das schon erwähnte Buch von Hugo Lindemann berichtet. Auch war die Tatsache, daß in vielen Städten, namentlich in London, wichtige Zweige des städtischen Lebens, wie Gas- und Wasserwerke, Eisenbahnen, Häfen und Docks, Trambahnen und Omnibus, Märkte und Straßen in den Händen von privaten Erwerbsgesellschaften waren oder noch sind, zum Nachweise einer Übermacht der großen Kapitalkräfte ebenso günstig als der Umstand, daß das Grundeigentum in ganzen Stadtteilen von London und in anderen Städten in den Händen weniger aristokratischer Familien konzentriert ist.

Andererseits ist eine heftige Gegenbewegung der bedrohten Eigentümer und Erwerbsgesellschaften gegen diese Bewegung ebenso erklärlich. Besondere Gesellschaften, wie die Liberty and Property defence League, wurden zur Abwehr gegründet und wirkten in mannigfacher Weise. Ihren schärfsten Ausdruck fanden neuerdings diese Widerstände in einer Reihe von Artikeln, welche zuerst in der Times (August — November) 1902 und dann auch in Broschürenform veröffentlicht wurden und heftige Angriffe gegen die Gemeindeverwaltungen von Glasgow, Birmingham, Battersea und anderen Stadtgemeinden enthielten. Die durch die Ausdehnung städtischer Betriebe ungeheuerlich anwachsende und eine öffentliche Gefahr darstellende Schuldenlast der Städte, so sagte man, die Erhöhung der Steuern, welche die Erwerbstätigkeit der Privaten und Gesellschaften schon stark bedrücke, die Lähmung und Behinderung des privaten Unternehmungsgeistes, auf dem die Größe Englands beruhe, durch die Konkurrenz städtischer Betriebe: alles dies wurde unter Vorführung zahlreicher Ziffern mit stark aufgetragenen Farben geschildert. Auch wurden Gemeinden namhaft gemacht, in welchen angeblich völlig unfähige und abhängige Arbeiter in die Gemeindeverwaltung gewählt und zu unheilvollem Einfluß gebracht sein sollten.

Zahlreiche Entgegnungen suchten diese Ausführungen als Produkte verletzter Privatinteressen zu entkräften, die Schulden als produktive Geldanlagen, welche die Gemeinden nach Ablauf der Tilgungszeit in den Besitz großer Vermögensstücke bringen würden, zu verteidigen, die allgemeinen Steuererhöhungen zu bestreiten oder als durch die gewonnenen Verbesserungen gerechtfertigt zu erweisen und die Behandlung einzelner Übelstände als lächerliche Übertreibungen hinzustellen. Unfähige oder unzuverlässige Leute gäbe es in allen Klassen und Parteien.

Schon vorher hatte in der Sitzung der Royal Statistical Society vom 15. Mai 1900 deren Präsident, Sir Henry Fowler, die Berechtigung und die Grenzen munizipaler Unternehmungen sowie die nötigen Verbesserungen städtischer Verwaltung, namentlich in der Richtung auf bessere Rechnungskontrolle — system of audit by a public official — objektiv zu erörtern gesucht und das Parlament die Sache für wichtig genug gehalten, um ein Joint Committee of both Houses zur Untersuchung der Frage der industrial entreprises der Städte und anderer Lokalverbände einzusetzen. Und es ist sicher, daß der bald zu erwartende Bericht dieser Kommission auch bei uns lebhaftes Interesse erwecken wird[1].

Starken Widerhall haben diese Bewegungen in Frankreich und Belgien gefunden.

In Frankreich[2] ist der Gedanke einer Verbesserung der

---

[1] Eine wegen ihrer Objektivität und Berücksichtigung aller in Betracht kommenden Verhältnisse vorzüglich geeignete Einführung in die englische Entwicklung bietet H. v. Nostitz, Das Aufsteigen des Arbeiterstandes in England. Ein Beitrag zur sozialen Geschichte der Gegenwart. 1900.

[2] Vgl. J. Bourdeau, Évolution du socialisme, Paris 1901, p. 35 ff. 145 ff. — Der darin enthaltene Aufsatz Le socialisme municipal (p. 121 bis 167) ist schon im Juli 1900 in der Revue des deux mondes erschienen (p. 180 ff.).

Lage der Arbeiterschaft durch Benutzung der Submissions=
bedingungen, der cahiers des charges pour les travaux publics
schon früh, m. W. zuerst unter Napoleon III. und dem
Präfekten Haußmann, hervorgetreten; auch die Kommune von
1871 schrieb die Einfügung eines Minimallohnes vor. Im
übrigen stellten sich unter dem Einfluß der strengen
Marxisten Guesde und Lafargue die Arbeiterkongresse
des Jahres 1876 und der folgenden Jahre noch auf den
Standpunkt, daß im heutigen Staat die Ge=
meinden keine wirksamen Maßnahmen treffen
könnten, vielmehr alle Kraft auf die Eroberung der Staats=
gewalt zu konzentrieren sei. Allein die Auffassung
änderte sich, als die Sozialisten 1881 durch das allgemeine
Stimmrecht anfingen, in Paris und einigen nördlichen Fabrik=
städten in die Gemeinderäte einzudringen. Paul Brousse[1],
das Haupt der seit 1882 von den Marxisten abgetrennten
Possibilisten trat für die services publics als wichtige Hebel
fortschreitender Bewegung ein, und bald wurde von allen
sozialistischen Richtungen die Möglichkeit und
Notwendigkeit anerkannt, zunächst die Gemeinde=
verwaltungen zu erobern, sie für die Hebung der
Arbeiterschaft zu benutzen und in ihren Unter=
nehmungen die Geister an die Leitung der großen
kollektivistischen Betriebe der Zukunft zu ge=
wöhnen. Und nun entstanden rasch, entsprechend der
Teilung der französischen Sozialisten in verschiedene Gruppen,
verschiedene Kommunalprogramme. Die Independenten
(Benoît Malon, Rouannet u. a.) fordern u. a. schon 1885
kommunale Bäckereien, Schlächtereien und Apotheken. Dann
folgt, von den Guesdisten aufgestellt, das Programme de

---

[1] La Propriété collective et les Services publics. 1883. Dagegen
J. Guesde: Services publics et socialisme (zitiert von Bourdeau a. a. O.
p. 54. 55).

Lyon vom November 1891, in dem kommunale Betriebe in Nachwirkung der obigen geringschätzigen Auffassung vom socialisme municipal nicht, wohl aber Lohnklauseln, ferner Arbeitsbörsen unter Leitung der Arbeiterorganisationen, Gewährung von Verpflegung und Kleidung an Schulkinder, Unentgeltlichkeit ärztlicher Hülfe, unentgeltliche Bäder, Schaffung von Alters- und Nachtasylen, Entbindungsanstalten, Sanatorien, Diäten für Mitglieder der Gemeindeverwaltungen, Befreiung der kleineren Mieter von jeder Steuer unter progressiver Heranziehung der höheren Besteuerung unbebauter Ländereien nach dem Verkaufswert, Herausgabe eines Amtsblattes u. a. m. gefordert wurde. Weiter geht das Programm der Allemanisten, indem es Verbot der Veräußerung von Gemeindegütern, Kommunalisierung der großen Gesellschaften (Gas, Wasser, Trambahnen, Omnibus, Schiffe u. s. w.), Schaffung munizipaler Industrien, Magazine, Mühlen, Bäckereien, Schlächtereien, Apotheken, Bau gesunder Wohnungen, vollständige Erziehung und Unterricht aller Kinder unter Verpflegung auf Kosten der Gesellschaft, Arbeitsbörsen, Beseitigung der Konkurrenz der Gefängnisarbeit, Subsidien für die Arbeiterorganisationen im Fall von Streiks, Lohnklauseln, Erhaltung der Alten und Invaliden der Arbeit durch die Gesellschaft und progressive Einkommen- und Erbschaftssteuer fordert.

Noch bestimmter verlangt das Programm der schon genannten Indépendants (B. Malon) von 1891 Vermehrung des städtischen Grundeigentums, Bau billiger Wohnungen und fortschreitende Kommunalisierung der Wohnungsfürsorge, städtischen Betrieb der Verkehrsunternehmungen und Werkstätten für diese, außerdem Reservewerkstätten für Arbeitslose, die mehr als ein Jahr in der Gemeinde wohnen, im übrigen vielfach mit den Allemanisten sich deckend, jedoch unter Hinzufügung eines besonderen Abschnittes für Kunst, Wissenschaft und Vergnügungen mit freien Konzerten, fast unentgeltlichem Theater, Museen und öffentlichen Vorträgen. Diese letzten Forderungen entsprechen der Absicht Malons, die von ihm angenommene Marxische ökonomische Theorie mit den alten humanitären Forderungen des französischen Sozialismus zu verbinden, Realismus und Idealismus zu versöhnen und den Klassenkampf zu mildern[1].

Auf Grund dieser Programme[2] begann nun der Wahlkampf, und die Sozialisten erlangten 1892 die Majorität in 20 Gemeinderäten, u. a. in Roubaix, Lille, Marseille, Toulon, Narbonne, Dijon; die Wahlen von 1896 brachten — nachdem sich 1893 die Radikalen mit den Sozialisten aus Anlaß der Kammerwahlen verbündet hatten — weitere Eroberungen großer Städte: Bordeaux, Limoges, Toulouse, Nîmes u. a. Bei den Wahlen von 1900 folgten auch Niederlagen. Dijon, und wenn ich recht unterrichtet bin, auch Roubaix, mit vielgerühmten sozialistischen Einrichtungen, ist wieder verloren, vor allem aber Paris, ihr langjähriger Besitz.

Über die Ergebnisse einiger sozialistischer Gemeindeverwaltungen finden sich höchst interessante Berichte in der Zeitschrift „Le Mouvement socialiste" (1899, 1900), so über Lille, Dijon, Roubaix, Paris, aus denen insbesondere erhellt, daß die Ausgaben für Krankenanstalten und Wohlfahrtseinrichtungen aller Art bedeutend erhöht und unentgeltliche Wohltaten in weitgehendem Maß den Unbemittelten auf Kosten der übrigen Steuerzahler zugewandt sind. Schulkantinen spielen eine große Rolle. In Paris ist viel für die eigenen Arbeiter und die Lohnklauseln geschehen. Auch sind Streikunterstützungen gegeben. Die Berichte klagen, daß die Unselbständigkeit der Gemeinden gegenüber der Auf=

---

[1] Bourdeau a. a. O. S. 37.
[2] Abgedruckt in L. Stehelin, Essais de Socialisme municipal. Paris 1901, p. 7—19 (Thèse pour le doctorat). Vgl. die diesem Vortrag folgende Anlage.

sichtsbehörde sich als sehr hinderlich erwiesen habe und daß lange Verträge der Ausbildung von städtischen Unternehmungen entgegenständen. In Dijon ist jedoch das Theater in städtische Verwaltung genommen. Bourdeau, der Verfasser des Buches: L'Évolution du Socialisme und Gegner des Socialisme municipal äußert dagegen, wenn er auch das Hervortreten einzelner bedeutender Organisatoren aus dem Arbeiterstand anerkennt, die größten Bedenken[1], behauptet namentlich auch Mißbrauch der Macht für Partei- und Wahlzwecke. Zu eigenem Urteil fehlt mir die erforderliche Kenntnis der Verhältnisse, deren näheres Studium von unparteiischer Seite sehr erwünscht wäre. Die früheren Zustände und deren etwaige Reformbedürftigkeit würden dabei besonderer Klarstellung bedürfen.

Ähnliche Entwicklungen vollzogen sich in dem benachbarten Belgien, wo unter heftigen Erschütterungen 1893 unter Aufhebung des Zensus das allgemeine Stimmrecht mit Pluralvoten für die Kammerwahlen eingeführt wurde und 1895 ein auf ähnlicher, allerdings eingeschränkter Grundlage beruhendes Gesetz für die Gemeindewahlen folgte. J. Destrée und E. Vandervelde nennen in ihrem Buch Le Socialisme en Belgique, Paris 1898, p. 185 unter heftiger Bekämpfung der Beschränkungen des letztgenannten Gesetzes (u. a. Alter von 30 Jahren und dreijähriger Aufenthalt) die Eroberung der Gemeinde eine der wichtigsten Aufgaben, um in ihrer Verwaltung „bewunderungswürdige Erfahrungen" für die künftige Ausführung der großen sozialistischen Pläne zu sammeln. Die zahlreich gewählten

---

[1] Gegen den Socialisme municipal, namentlich in der Verwaltung von Paris, schon der Rapport de M. Léon Donnat für die Pariser Ausstellung von 1889 über die Intervention économique des pouvoirs publics. Gedruckt in den Rapports du Jury international, publiés sous la Direction de M. Alfred Picard. Groupe de l'Economie politique. 2me Partie. p. 547 ff.

sozialistischen Gemeinderäte (etwa 900 in 1895, 1200 in 1899) traten 1896 zu einem Verband mit einem permanenten Sekretariat zusammen und ein monatliches Bulletin, mouvement social, berichtet über die Vorgänge und Fortschritte in den Gemeinden, in denen die Sozialisten die Mehrheit haben (1895: 65 und 1899: 120) oder durch Minoritäten vertreten sind (1895: etwa 200, 1899: etwa 300). Die starke Ausbildung von sozialistischen Genossenschaften und Gewerkvereinen gibt der ganzen Bewegung eine große Kraft. Doch klagt der Verbandssekretär Dr. Vinck in seinem Bericht über die Zeit von 1896—1900[1] über die in der Beschränkung der Gemeindeautonomie liegenden Hindernisse für die von sozialistischen Versammlungen beschlossenen Maßnahmen.

Das sozialistische Gemeindeprogramm (a. a. O. S. 455—457) ist vom Dezember 1893 und schließt sich im wesentlichen dem französischen an[2]. Dasselbe gilt von dem holländischen Programm vom April 1899[3], welches aber auch deutschen Einfluß zeigt.

Selbständige Wege ist die Schweiz gegangen. Aus den lokalen Programmen hebe ich dasjenige der sozialdemokratischen Partei in Basel von 1893 hervor (abgedruckt im Sozialpolitischen Zentralblatt, 2. Jahrgang 1893, Spalte 390). Dem Vernehmen nach befindet sich ein allgemeines Kommunalprogramm der Gesamtpartei in Bearbeitung.

Aus Österreich ist mir auch nur das in der Sozialen Praxis (V. Jahrgang 1895/96, Spalte 513) abgedruckte Programm der Wiener Sozialdemokraten bekannt.

Sehr spät erst hat aus hier nicht zu erörternden Gründen in Deutschland die sozialdemokratische Partei sich der Aufstellung eines kommunalen Programms zugewandt.

---

[1] Die Kommunalpolitik der belgischen Sozialdemokratie seit 1896 in Kautsky: Die Neue Zeit. 18. Jahrg. 1. Band, 1900, S. 368—375.

[2] Vgl. Anlage.

[3] Mit Erläuterungen als Nr. IX der „Sociaal-Dem. Bibliothek" unter dem Titel: Sociaale Arbeid in de Gemeenteraden. 86 S.

Wohl hat das Parteiprogramm von 1891 mit den Forderungen des allgemeinen gleichen Wahlrechts für alle über 20 Jahre alten Reichsangehörigen ohne Unterschied des Geschlechts mit Proportionalwahl auch für die Gemeinden, sowie der Selbstbestimmung und Selbstverwaltung der Gemeinden, ferner der unentgeltlichen Beerdigung und Unentgeltlichkeit des Unterrichts, der Lehrmittel und der Verpflegung in den öffentlichen Volksschulen sowie progressiver Steuern auch das kommunale Gebiet betreten, allein erst die englischen, französischen und belgischen Vorgänge haben in Verbindung mit dem Eindringen von Sozialdemokraten in die Stadtverordneten-Versammlungen eine lebhaftere Bewegung und einen Anschluß an die Auffassung von der Bedeutung der Gemeinden als wichtiges Mittel für die allmähliche Begründung einer neuen Gesellschaftsordnung herbeigeführt, wobei Hugos Arbeiten und Bernsteins vielgenannte Darlegungen wohl von erheblichem Einfluß gewesen sein mögen. Und so hat sich das Bedürfnis ausführlicher Kommunalprogramme — kürzere Programme für einzelne Städte datieren schon von 1891 (z. B. Stuttgart), 1892 (Leipzig), 1893 (Dortmund) u. s. w. — neuerdings immer dringender geltend gemacht.

Der unter dem Namen Hugo bekannte und von mir soeben erwähnte sozialdemokratische Kommunalpolitiker Lindemann[1] hat in einer Beilage zur Kommunalen Praxis (2. Jahrgang 1902, Nr. 18) eine Zusammenstellung der wichtigsten sozialdemokratischen Gemeindeprogramme Deutschlands eingeleitet und auf dem vorjährigen Parteitag in München einen von ihm aufgestellten ausführlichen Entwurf eines Programms vorgelegt und begründet (Protokoll über

---

[1] Vgl. seine Aufsätze: „Zur Kritik der sozialdemokratischen Parteiprogramme" und „Unsere Forderungen an die Kommune" in den Sozialistischen Monatsheften, 1902, S. 277—288, 437—447 und P. Hirsch: „Sozialdemokratische Kommunalwahlprogramme" in der Neuen Zeit, 1902, Bd. I, S. 612 ff.

die Verhandlungen S. 90—92, 203—218), der indessen behufs weiterer Vorbereitung der schwierigen Angelegenheit durch den Parteivorstand für einen der nächsten Parteitage von der Tagesordnung abgesetzt ist.

Außerdem ist namentlich das Brandenburgische Programm von 1898 mit den darüber geführten Verhandlungen[1] und das Schleswig-Holsteinische mit ausführlichen Erläuterungen von Karl Frohme (unter dem Titel: Wehr und Waffen. Neumünster, Verlag von Lienau, 1892) zu erwähnen. (Vgl. Anlage.)

Über die wegen der Wohnungsfrage an die Gemeinden zu stellenden Forderungen hat bereits der Parteitag in Lübeck von 1901 Beschluß gefaßt und zwar auf Grund eines Referates von Dr. Südekum, Redakteur der Kommunalen Praxis (Protokoll S. 99, 293—301, vgl. S. 73).

Ein Vergleich der deutschen mit den ausländischen sozialistischen Programmen, zu dem hier natürlich die Zeit fehlt, bietet erhebliches Interesse. Zu erwähnen ist hier nur, daß über Städtebau und Wohnungswesen — im Unterschiede von den ausländischen — hier im einzelnen Forderungen aufgestellt sind, welche zum großen Teil den von bürgerlichen Sozialpolitikern in langjähriger, anhaltender Arbeit formulierten Forderungen entsprechen, und daß die Forderung unentgeltlicher Beerdigung Schweizer Vorgängen nachgebildet zu sein scheint.

Andere Parteien haben m. W., wenn auch einzelne Forderungen von ihnen aufgenommen sind, so z. B. von der deutschen Volkspartei das allgemeine, gleiche Kommunal-Wahlrecht, die Unentgeltlichkeit des Unterrichts und der Lehrmittel u. a. m., ein umfassendes Gemeindeprogramm bisher

---

[1] Protokolle über die Verhandlungen der Konferenzen sozialdemokratischer Gemeindevertreter der Provinz Brandenburg vom 27. Dezember 1898 und 1900. Verlag Vorwärts.

nicht aufgestellt, mit Ausnahme des National=Sozialen Vereins, welcher schon auf dem 4. Vertretertag in Göttingen 1899 (Protokoll S. 12—21, 93—127) auf Grundlage eines von dem Bodenreformer und Verfasser des Ihnen wohl allen bekannten Buches vom Gemeindesozialismus, Redakteur Damaschke, aufgestellten Entwurfes unter vielseitiger Teil= nahme ein Programm beschloß, welches namentlich die Wohnungsfrage eingehend berücksichtigte. (Vgl. Anlage.)

Wenn ich nun außer dem eben schon erwähnten Buch von Damaschke auf die Schriften und Aufsätze von Münster= berg, Herkner, Hugo (Lindemann), Flesch, Bücher, Trimborn, Albrecht und Jastrow[1] und die darin den Gemeindeverwaltungen gegenüber erhobenen Forderungen hin= weise, so ist, glaube ich, eine ausreichende Übersicht über das, was von den verschiedensten Seiten aus von den Städten gefordert wird, gegeben. Ich hielt aber eine ausführliche Zusammenstellung dieser Forderungen für not= wendig, nicht nur, weil sie vielfach schwer zugänglich sind und manchem unter Ihnen daher Neues bieten werden, sondern auch, weil es wichtig ist, die geschichtlichen Zu= sammenhänge in der Entwicklung dieser Pro= gramme und in der Stellung des Sozialismus zu den Gemeinden zu kennen.

---

[1] A. Damaschke, Aufgaben der Gemeindepolitik. („Vom Gemeinde= Sozialismus".) 4. umgearbeitete Aufl. 1901. — Die Aufgaben städtischer Sozialpolitik. Abdruck aus dem „Hamburgischen Correspondenten". Hamburg, 1896. (Anonym. Verf. E. Münsterberg.) — H. Herkner, Die Arbeiterfrage. 3. gänzlich umgearbeitete Aufl. 1902. Kap. VII. Kommunale Sozialpolitik, S. 484—499. — Flesch, Kommunale Wohlfahrtseinrichtungen in den Schriften der Zentralstelle für Arbeiter=Wohlfahrtseinrichtungen, 1897. (Darin auch der Bericht über die darüber geführten Verhandlungen einer Konferenz vom 10. Mai 1897.) — C. Hugo, Die deutsche Städte= verwaltung. Ihre Aufgaben auf den Gebieten der Volkshygiene, des Städtebaues und des Wohnungswesens, 1901. — K. Bücher, Die wirt= schaftlichen Aufgaben der Gemeinden, 1901. — H. Albrecht, Handbuch der Sozialen Wohlfahrtspflege in Deutschland, 1902. — J. Jastrow, Sozialpolitik und Verwaltungswissenschaft. Bd. I, 1902.

Ich knüpfe daran zunächst eine sprachliche Bemerkung. Ich möchte — ohne auf die verschiedenen, zuletzt von dem Tübinger Professor Neumann[1] eingehend erörterten Auffassungen hier eingehen zu können — empfehlen, das vieldeutige Wort Sozialismus auf die Reformtätigkeit von Staat und Gemeinde nicht anzuwenden, sondern diese letztere mit Sozialpolitik zu bezeichnen, die Worte Sozialismus und Sozialist aber auf die eingangs erwähnten historischen, die Einführung einer völlig neuen Wirtschaftsordnung empfehlenden Systeme des Sozialismus und deren Anhänger zu beschränken, da sonst absichtlichen und unabsichtlichen Mißverständnissen und Störungen nur zu leicht die Tür geöffnet wird.

Wenn man dies tut, so wird das so dringend gebotene objektive Verhalten zu diesen sozialistischen Programmen um so leichter erreichbar sein, d. h. eine vorurteilslose Prüfung jeder einzelnen Forderung auf ihre Durchführbarkeit und Zweckmäßigkeit nach Maßgabe der früher von mir dargelegten grundsätzlichen Auffassungen.

Längst ist ja anerkannt, daß gesunde und bedeutungsvolle moderne Entwicklungen aus dem sozialistischen Ideenkreise herausgewachsen sind, so die Genossenschaften und die zu ihrer Förderung bestimmten mit Staatshülfe begründeten oder geförderten Kredit-Organisationen. Und so muß man nach dem Studium jener Programme auch ohne weiteres anerkennen, daß manche in deuschen Städten neuerdings geschaffene Einrichtungen, wie insbesondere Arbeitsvermittelungsstellen, namentlich aber die zur Verbesserung der Lage der städtischen Arbeiterschaft unternommenen Maßnahmen und die Einfügung von Arbeiter-

---

[1] Fr. J. Neumann, Wer ist heute Sozialist? in Conrads Jahrbüchern für Nationalökonomie und Statistik, 3. Folge. Bd. XXIV, Heft 4, 1902.

schutzbestimmungen in die Submissionsbedingungen u. a. m. sozialistischen Anregungen zu verdanken sind. Eine Zurückweisung sozialistischer Gedanken, nur ihres Ursprunges wegen, kann daher gar nicht in Frage kommen.

Andererseits ist es aber bei der geschilderten, schnell wachsenden Verbreitung sozialistischer Gedanken ebenso unerläßlich, die Tragweite und prinzipielle Bedeutung der einzelnen Forderungen nach allen Richtungen hin auf das eingehendste zu prüfen, da gerade eine auf Ausgleich und Versöhnung hinarbeitende Auffassung ohne solche grundsätzlich festgelegte Richtlinien nur zu leicht in ein halt- und planloses Hin- und Herschwanken hineingerät. (Zustimmung.) Nur zu oft tritt uns ja die Erscheinung entgegen, daß von Zeit zu Zeit irgend ein an sich ganz guter Gedanke durch Vereine und Presse oder sonst wie aufgegriffen, in seiner Bedeutung maßlos übertrieben und als Allheilmittel angepriesen wird — ja auch städtische Amtsstellen sind nicht immer von einer übertreibenden Schilderung ihrer Tätigkeit, ja ihrer Projekte frei — und jeder erste beste sog. Sozialpolitiker hält sich dann für berechtigt, nüchternen Zweiflern und Kritikern mit dem beliebten Schlagwort sozialer Rückständigkeit jede ernste sachliche Erörterung abzuschneiden. (Sehr richtig!) Wer Erfahrung besitzt, weiß, daß der Erfolg der meisten Institutionen ganz von dem Gebrauch abhängig ist, den die Menschen davon machen. So können z. B. Arbeiter-Ausschüsse bei verständigem Zusammenarbeiten sehr nützlich wirken, während sie völlig versagen, sobald außenstehende terroristische Einflüsse sie in Agitationsinstrumente verwandeln. (Sehr gut!) Ähnliches gilt von den vielseitig geforderten sozialpolitischen Kommissionen[1]. Freilich kommt neuerdings

---

[1] Vgl. hierüber die Verhandlungen auf der S. 25 Anm. 1 erwähnten Konferenz. Schriften der Zentralstelle für Arbeiter-Wohlfahrtseinrichtungen Nr. 12, 1897, S. 49—73.

bei ihnen in mindestens ebenso hohem Grade — wenigstens wenn sie als gemischte Kommissionen gedacht sind — die Schwierigkeit in Betracht, ihre Kompetenzen mit der Gemeindeverfassung und den übrigen städtischen Kommissionen und Ämtern in Einklang zu setzen. Wohin die Sozialdemokratie treibt, geht deutlich aus dem Lindemannschen Programm hervor, welches Arbeitsämter als Zentralstellen kommunaler Arbeiterpolitik mit den Aufgaben der Arbeiterstatistik, des Arbeitsnachweises, der Arbeitslosenfürsorge, der Auskunftserteilung und der Überwachung der sozialpolitischen Gebarung der Gemeindeverwaltung fordert — offenbar eine richtige Neben=Regierung, ein Wohlfahrtsausschuß. (Sehr richtig!)

Es ist dies zugleich ein Beweis, wie die Forderungen vielfach noch unklar und widersprechend sind. Oft ist auch das Ziel, das erreicht werden soll, gar nicht falsch gesteckt, während allerdings die vorgeschlagenen Wege nicht dahin führen können.

Doch es ist Zeit, zu den vorher aufgestellten fünf Fragen in betreff der Möglichkeit städtischer Sozialpolitik zurückzukehren. Ihre Beantwortung ist durch die eben gegebenen Ausführungen über den sog. Munizipal=Sozialismus sehr erleichtert.

Was zunächst die richtigere Abgrenzung zwischen öffentlichen und privaten Unternehmungen anlangt, so ist schon darauf hingewiesen, daß das in London und an anderen Orten in England, Frankreich und Belgien bestehende Übergewicht der großen Erwerbsgesellschaften auf den wichtigsten Lebensgebieten bei uns nie vorhanden war, daß vielmehr Unternehmungen monopolistischen Charakters sowie andere für die gesamte Bürgerschaft wichtige Betriebe von vornherein in großem Umfange von den Städten selbst in die Hand genommen sind. Be=

kanntlich ist der Prozeß der Verstadtlichung in stetem Fortgang, und es kann sich also nur darum handeln, ihn mit Umsicht und Konsequenz fortzuführen, soweit es die finanziellen und sonstigen Verhältnisse der einzelnen Städte zulassen. Nach den schlechten Erfahrungen, welche mit den Versuchen vertragsmäßiger Regelung von Verkehrs=, Konsum= und Tarif=Verhältnissen für lange Zeit hinaus gemacht sind, wird die Überzeugung, daß auch bei Trambahnen der städtische Besitz und Betrieb am besten den öffentlichen Interessen, namentlich auch denen der Stadterweiterung und der Wohnungspolitik entspricht, wohl ziemlich allgemein sein[1], natürlich immer mit der Einschränkung, daß trotzdem im einzelnen Fall Privatbetrieb unvermeidlich oder ratsam sein kann, sei es wegen unsicherer Rentabilität oder der Abhängigkeit von einer Nachbarstadt mit Privatbetrieb oder aus anderen Gründen.

Wenn allerdings oft gesagt wird, daß die Städte, wenn auch nicht mit Privaten, so doch mit Aktiengesellschaften in bezug auf die Leistungsfähigkeit und Voraussicht der Verwaltung unbedingt konkurrieren könnten, so muß ich das doch bezweifeln. Namentlich wenn die rechtzeitige Erfassung neuer Gedanken und ihre Durchführung bald mit rasch zugreifender Tat, bald durch schrittweise vorsichtige Vorbereitung in Frage steht, so muß m. E. die schwerfälligere, auf Mitwirkung großer Körperschaften beruhende städtische Verwaltung im allgemeinen gegenüber der viel freieren Stellung der wenigen Personen in Direktion und Aufsichtsrat in Nachteil sein. (Zustimmung.) Außerdem kann die Güte und finanziell richtige Leistung

---

[1] Vgl. Dr. H. Großmann, Die kommunale Bedeutung des Straßenbahnwesens, beleuchtet am Werdegange der Dresdener Straßenbahnen, 1903. — Clemens Heiß, Wohnungsreform und Lokalverkehr, 1903 (herausgegeben vom Verein Reichs=Wohnungsgesetz).

städtischer Unternehmungen sehr gestört werden, wenn die städtischen Behörden nicht Selbständigkeit und Kraft genug haben, dem Andringen von Bezirksvereinen wegen Ausbaues unrentabler Linien (Heiterkeit.) oder populären Forderungen gefährlicher Tarifermäßigungen oder fortgesetzten grundlosen Bemängelungen städtischer Betriebe auf Grund der den Stadtverordneten-Versammlungen zustehenden Kontrolle oder etwaigen Versuchen einer Benutzung der Stadtverordneten-Versammlung zu Arbeiter-Agitationen erfolgreich entgegenzutreten. Diese letztere Gefahr ist natürlich um so größer, je mehr geschäftlich unerfahrene, unselbständige Elemente in der Versammlung vorhanden sind.

Trotzdem bleibt in weitem Umfange die Begründung städtischer Unternehmungen gut und zweckmäßig. Ich rechne hierher, um nur noch ein bekanntes, gerade hier in Dresden nahe liegendes Beispiel zu nennen, auch die Schaffung städtischer Kreditorganisationen für Zwecke, welche vom Staat und von den Privatbanken noch nicht genügend berücksichtigt sind, insbesondere auf dem Gebiete des Wohnungswesens. Aber auch wenn ein neuer Gedanke zunächst stutzig macht, so ist doch die Prüfung unerläßlich. So wird der in einem der Fabian Tracts und neuerdings in Zürich von den Sozialdemokraten angeregte Gedanke städtischer Milchversorgung — milk supply — manchem vielleicht auf den ersten Blick phantastisch erscheinen, während er doch bei näherem Zusehen, etwa nach dem Lesen des Aufsatzes von Professor Fränkel-Halle im Technischen Gemeindeblatt (1903, S. 17—22) zugeben wird, daß hier sehr ernste Fragen vorliegen, so daß wir der Stadt Halle für den in vorsichtigen Grenzen unternommenen Versuch sehr dankbar sein können.

Ebenso mag die Verstadtlichung des Wirtschaftsgewerbes, wie sie auch von den Fabiern empfohlen wird, zunächst phantastisch und unausführbar erscheinen. Und doch ist sie bekanntlich in Gothenburg und anderen schwedischen Städten, so viel ich weiß, erfolgreich durchgeführt. Und wenn erst die in letzter Zeit wiederholt geschilderte **ungeheuere Schädigung der wirtschaftlichen und moralischen Gesundheit unseres Volkes durch den Alkoholmißbrauch** mehr als bisher leider der Fall allgemein anerkannt ist, wird man vielleicht noch einmal diesem Gedanken in irgend einer Form näher treten — inzwischen aber mögen auch die Städte die ihnen zu Gebote stehenden Mittel in diesem Kampfe gegen den Alkohol eifrig und kräftig benutzen.

Eine besonders wichtige Frage ist die der **Tarife und Überschüsse**. Lindemann und Frohme verwerfen letztere durchaus als eine unzulässige indirekte Besteuerung der Unbemittelten. Meines Erachtens liegt die Sache doch nicht so einfach und man wird wohl erhebliche Unterschiede in bezug auf die einzelnen Unternehmungen machen müssen. Auch kommt die finanzielle Gesamtlage in Betracht. Ich komme bei der Erörterung der Steuern und Gebühren hierauf zurück.

Die **Vermehrung des städtischen Grundbesitzes** wird schon jetzt mit gutem Grunde in vielen Städten planmäßig betrieben, welchen der Gedanke einer Verstadtlichung des gesamten Grundbesitzes aus eben so guten Gründen phantastisch und unausführbar erscheint; freilich sind die Schwierigkeiten vielfach nicht gering. Noch größer sind jedoch die Schwierigkeiten seiner richtigen Verwertung. Ein bedingungsloser Wiederverkauf bringt wohl Geld, zwingt aber zur Erzielung höchster erreichbarer Preise wegen der sonst unvermeidlichen Begünstigung einzelner und macht die Stadt somit zur Teilnehmerin an der Steigerung der Bauplatzpreise. Es entsteht also die Frage, ob Verkaufsbedingungungen gefunden werden können, die einen billigeren Verkauf mit Rücksicht auf ein vorbehaltenes Rückkaufsrecht gestatten, oder ob etwa das Erbbaurecht zweckmäßigerweise benutzt werden kann. Wie Ihnen bekannt, werden nach beiden Richtungen hin augenblicklich in deutschen Städten Versuche angestellt, und ich kann Ihnen mitteilen, daß — abgesehen von Erbbauverträgen mit Arbeiter-Baugenossenschaften und -Gesellschaften — in Frankfurt a. M. trotz pessimistischer Prophezeiungen auch mit Privaten (namentlich Lehrern, Beamten und Kommis) behufs Erbauung kleiner Häuser bereits 36 solche Verträge abgeschlossen und 12 weitere in Vorbereitung sind. Und voraussichtlich wird auch hier der erste Schritt der schwerste gewesen sein. Es handelt sich hierbei um Häuser für ein oder zwei Familien.

Daß übrigens die Übelstände des städtischen Wohnungswesens nicht nur durch Ausdehnung des öffentlichen Eigentums bekämpft werden können, vielmehr starke Beschränkungen des Privateigentums im Interesse der Allgemeinheit notwendig sind, ist mehr und mehr zur allgemeinen Überzeugung aller Nicht-Interessierten geworden. Die Auferlegung von Bebauungsplänen und baupolizeiliche Beschränkungen der baulichen Ausnutzung sind von allen Seiten als notwendig anerkannt und ein großer Teil der englischen Übelstände beruht eben darauf, daß früher baupolizeiliche Vorschriften in unserem Sinne nicht vorhanden waren. Allein auch sie erweisen sich, so wichtig sie auch sind, mehr und mehr als ungenügend, um die Grundstücksspekulation zu hindern, die Schäden des monopolartigen Charakters des städtischen Grundeigentums zu beseitigen und die, jede gesunde Bautätigkeit ausschließende wilde Steigerung der Grundstückspreise niederzudrücken.

Um durch Bildung baufertiger Grundstücke den Markt zu erweitern, und die Preise zu regulieren, sind auf Andringen der Städte bereits gesetzliche Bestimmungen über zwangsweise Umlegung erlassen und immer wieder erhebt sich die Forderung, unter Umständen auch die Enteignung unbebauten Landes zum Zweck der Errichtung von Wohngebäuden ebenso wie für Eisenbahnen, Straßen, Kirchhöfe u. a. m. zuzulassen, da die gute Befriedigung des Wohnungsbedürfnisses im allgemeinen Interesse mindestens ebenso wichtig sei, wie die Fürsorge für die Verstorbenen und das Fahren auf der Eisenbahn. Und die schon vor einem Menschenalter von dem geistreichen Manchestermann Faucher vertretene Idee[1], nach Analogie der „Bergbaufreiheit" zu Gunsten Baulustiger eine „Häuserbaufreiheit" gegenüber dem Grundeigentümer zu begründen, welcher im Interesse der Spekulation weder bauen noch an einen Baulustigen verkaufen will — diese Idee verdient m. E. weit größeres Interesse als ihr bisher entgegengebracht ist.

Jedenfalls haben die Städte in allen diesen Beziehungen, insbesondere auch in betreff einer gerechten Besteuerung des Grundbesitzes, außerordentlich große Aufgaben, und zwar nicht nur nach der Richtung, daß sie die ihnen zu Gebote stehenden Mittel aller Art, geeignetenfalls auch ihr Geld und ihren Kredit, zur Herstellung besserer Wohnungsverhältnisse durch Bekämpfung der ungesunden Spekulation und Preissteigerung verwenden und auf diese Weise direkt eingreifen, sondern auch in der Richtung, daß sie gangbare Wege suchen, auf denen mit Hülfe der anzurufenden Gesetzgebung die Schäden wirksam bekämpft werden können, welche den Ruf nach Beseitigung des privaten Grundeigentums noch immer in denjenigen Kreisen populär erhalten, die nicht gewohnt sind, Gedanken zu Ende zu denken und dadurch die Undurchführbarkeit dieser Forderung zu erkennen.

Um aber jedes Mißverständnis auszuschließen, bemerke ich auch dieses Mal wie bei anderen Gelegenheiten: ein

---

[1] Vgl. A. Wagner, Grundlegung. 3. Aufl. Bd. II, S. 511.

kräftiges und gesundes Unternehmertum ist unentbehrlich und seine Förderung gegenüber dem ungesunden Spekulantentum und den ohne jedes Geld mit schlechtem Kredit arbeitenden Unternehmern von äußerster Wichtigkeit. Nichts war daher auch so bedauerlich, als das lähmende Mißverständnis, daß die erörterten Maßnahmen gegen die soliden Unternehmer und Hausbesitzer gerichtet seien, und mit doppelter Freude war es daher zu begrüßen, als auch die im Auftrage des Zentralverbandes städtischer Haus- und Grundbesitzervereine herausgegebene Schrift von A. Grävéll (Die Baugenossenschaftsfrage, Berlin 1901) mit größter Entschiedenheit in der die Preise maßlos steigernden Spekulation in unbebautem Grund und Boden den ersten Feind des soliden Hausbesitzes und in der durch diese Spekulation in die Höhe gebrachten Form der Mietskaserne die ungünstigste Wohnweise erkannte.

Bei der hier vorgetragenen Auffassung aller dieser Fragen erledigt sich die in den sozialistischen Programmen geforderte Erbauung von Wohnhäusern durch die Stadt selbst verhältnismäßig einfach. Eine allgemeine Verpflichtung der Stadtverwaltung zur Beschaffung von Wohngelegenheit muß als undurchführbar abgelehnt werden. (Sehr richtig!) Wenn aber in besonderen Fällen, z. B. bei Wohnungsmangel, namentlich wenn er durch stadtseitigen Abbruch kleiner Wohnungen hervorgerufen oder verschärft ist, die Stadt im allgemeinen Interesse eingreifen muß, ist die Frage, ob eigner Bau, ob Förderung genossenschaftlicher und gemeinnütziger Unternehmungen durch städtische Mittel?, eine nach Lage der örtlichen Verhältnisse zu entscheidende Frage, die wohl in kleineren Städten leichter zu Gunsten eignen Baues entschieden wird als in größeren Städten. Daß der Bau städtischer Wohnungen für die eigenen Beamten und Arbeiter sich aus sehr vielen Gründen empfiehlt, wird mehr und mehr zur allgemeinen Überzeugung.

Im Anschluß an diese Ausführung sei mir endlich noch eine durch den Entwurf des preußischen Wohnungsgesetzes veranlaßte allgemeine Bemerkung gestattet.

Die städtische Verwaltung steht naturgemäß im Mittelpunkt aller derjenigen Maßnahmen, welche zur Bekämpfung der Landspekulation und Förderung gesunder Bautätigkeit erforderlich sind. Die Städte haben die Mittel zu beschaffen, welche zur Durchführung von Bebauungsplänen, zur Schaffung von öffentlichen Plätzen und Parkanlagen und zur positiven Förderung einer gesunden baulichen Entwicklung durch Vermehrung des Gemeindeeigentums und Gewährung von Baugeldern für Erbbauunternehmungen auf städtischem Boden und für Genossenschaften und gemeinnützige Gesellschaften notwendig sind; sie haben die Abgaben zu tragen und über ihre Verteilung in erheblichem Umfang, wenigstens in Preußen, zu beschließen; es ist daher von äußerster Wichtigkeit, die Schaffensfreudigkeit der Städte zu steigern und nicht durch unnötige staatliche Eingriffe zu lähmen. (Bravo!) Gewiß kann infolge mangelnden Verständnisses und versagender Tätigkeit in besonderen Fällen ein staatlicher Eingriff notwendig werden — es scheint mir aber, daß der Entwurf in der generellen Einführung staatlicher Eingriffe zuweit geht. (Sehr richtig!) Doch fehlt die Zeit, auch ist hier wohl nicht der Ort, dies weiter zu verfolgen.

Ein anderes Gebiet betreten wir mit der oben formulierten zweiten Frage hinsichtlich der Möglichkeit, durch städtische Maßnahmen den Konkurrenzkampf zu mildern. Die Bedingungen für die Vergebung städtischer Arbeiten, deren angemessene, ihren Ansprüchen entsprechende Formulierung sowohl von den Arbeitern als von den Unternehmern, und namentlich dem gewerblichen Mittelstand, gefordert wird, bieten hier allerdings ein reiches Feld der Betätigung, das gerade zur Zeit an vielen Orten eingehend untersucht wird und außerordentlich große Schwierigkeiten bietet. Die übertreibende Hervorhebung einzelner Bedingungen erschwert auch hier die Verständigung und am sichersten ist der Fortschritt durch Erfahrungen, und wir sind deshalb der Stadt Mannheim für die von ihr mit dem so eifrig gepriesenen Mittelpreisverfahren gemachte Probe zu großem Dank verpflichtet.

Die zu Gunsten der Arbeiter aufzulegenden Bedingungen hängen eng mit der gesamten städtischen Arbeiterpolitik — der vierten Frage — zusammen, zu der ich mich deshalb gleich jetzt wende.

Die Notwendigkeit ausreichender Fürsorge für die eigenen städtischen Beamten und Arbeiter ist in den letzten Jahren in rasch steigendem Maß zur allgemeinen Erkenntnis gelangt. Während die lebenslänglich angestellten Beamten in Preußen für ihre Person schon lange pensionsberechtigt waren, ist neuerdings allen Beamten das Recht auf eigene Pension und Versorgung der Witwen und Waisen verliehen (Gesetz vom 30. Juli 1899). Schon vorher waren seit 1897 nach dem Vorgang von Frankfurt am Main in zahlreichen Städten[1] auch für die Arbeiter Einrichtungen zur Gewährung ähnlicher Bezüge getroffen. Zugleich sind einheitliche Bestimmungen für die den Arbeitern zu zahlenden Löhne, und zwar meistens dahin getroffen, daß die Löhne nicht mehr nach Angebot und Nachfrage auf dem Arbeitsmarkt schwanken, sondern in abgestuften, nach den Dienstjahren steigenden Sätzen fest

---

[1] Vgl. Dr. P. Mombert, Die deutschen Stadtgemeinden und ihre Arbeiter, 1902. — Dr. E. Klien, Minimallohn und Arbeiterbeamtentum 1902 und neuerdings O. v. Zwiedineck-Südenhorst, Das sog. Arbeiterbeamtentum und die nächsten Ziele in der Umgestaltung des staatlichen und kommunalen Arbeitslohnverhältnisses, in Schmollers Jahrbuch 1903, S. 1309—1338.

normiert sind. Es kommt dabei der Gedanke zum Ausdruck, daß der jetzige Zustand, wonach der Arbeiter zu Beginn der zwanziger Jahre alsbald die volle Höhe des Lohnes erreicht, einen der schwersten Übelstände bildet, weil der Unverheiratete sich dadurch an Bedürfnisse gewöhnt, welche er nach Gründung einer Familie nicht mehr befriedigen kann. Ich fand gerade vor kurzem in einem „Ein Weckruf" betitelten Flugblatt der sozialdemokratischen Arbeiter-Union Zürich von 1903 folgende, ganz in gleichem Sinn gehaltene Stelle: „Die jüngere Arbeitskraft wird bevorzugt und mit vierzig Jahren wird der Arbeiter oft genug zum alten Eisen geworfen. Bei den anderen Ständen findet oft das Gegenteil statt: mit zunehmendem Alter erhöht sich der Gehalt des Lehrers, des Geistlichen, des öffentlichen Beamten. Nichts ist trauriger für den Arbeiter, als die Abnahme des Lohnes und die Erschwerung der Arbeitsgelegenheit bei fortschreitendem Alter". Eine dem steigenden Einkommen der Beamten entsprechende Regelung erscheint daher als ein Vorgehen, welches vielleicht einmal für die Kollektivverträge zwischen Arbeitgebern und Arbeitern eines Berufes vorbildlich werden kann. Die unständigen Arbeiter, welche doch in vielen Betrieben mit wechselnder Beschäftigung, wie Häfen, Lagerhäusern u. a. unentbehrlich sind, müssen bei der dargestellten Regelung freilich unberücksichtigt bleiben; auch machen die — in manchen Betrieben, z. B. Straßenreinigung — vielfach beschäftigten Arbeiter mit verminderter Arbeitskraft bei solch' allgemeiner Lohnfestsetzung Schwierigkeiten, auf die ich hier jedoch nicht eingehen kann.

Daß die Pensionsbestimmungen keine klagbaren Rechte geben, hat man wohl bemängelt — tatsächlich ist dies aber bei den sonst vorhandenen Garantien ohne Belang, und auch ein klagbares Recht würde ja im Fall der Entlassung hinfällig werden, wie Lindemann in einem sehr beachtenswerten ausführlichen Vortrag über Kommunale Arbeiterpolitik (abgedruckt in Pernerstorfer, Deutsche Worte. Wien, Jahrgang 23, 1903, S. 97—118) anerkennt. Die Hauptsache ist aber, daß diese Art der Lohnregelung sich erst in ihren Anfängen befindet und wirklichen Beamtenrechten auch Beamtenpflichten gegenüber stehen müßten, deren Übernahme seitens der Arbeiter wohl zu Schwierigkeiten führen würde (Lindemann S. 117). Den großen Fortschritt, der in der Gesamtheit dieser, m. W. bislang nur in deutschen Städten durchgeführten Löhnungsbestimmungen liegt, hat Lindemann auch mit dem Bemerken (S. 118) anerkannt, daß bei vorurteilsloser Prüfung die bisherigen Resultate recht bedeutende sind und die Hoffnung zu weiterem entschiedenen und raschen Fortschritt wohl berechtigt ist.

Wie hier das englische Vorbild mit seiner Forderung von Gewerkschaftslöhnen deutschen Verhältnissen entsprechend weiter gebildet ist, so drängt bei uns die Entwicklung in betreff der auf Grund von Submissionen städtischer Arbeiten beschäftigten Arbeiter zu der Bestimmung, daß dabei die zwischen den Organisationen von Arbeitgebern und Arbeitern vereinbarten Löhne und Arbeitsbedingungen eingehalten werden müssen — und nur dies ist auch z. B. im schleswig-holsteinschen Programm (Nr. 8) gefordert. Eine Konsequenz solcher Bestimmung zur Verhinderung der Lohndrückerei ist der wie von vielen staatlichen Verwaltungen so auch von vielen Städten gefaßte Beschluß, daß nur sogenannte tariftreue Druckereien städtische Aufträge erhalten sollen.

Die hiermit betätigte Absicht einer Förderung und Stärkung der von Arbeitgebern und Arbeitern gemeinsam getroffenen Festsetzung der Arbeitsbedingungen entspricht der grundsätzlichen Auffassung, daß die Gemeindeverwaltungen in den Streitigkeiten zwischen Arbeitgebern und Arbeitern streng neutral bleiben müssen. Nur dann können ihre Mitglieder in Gewerbegerichten und schiedsamtlichen Verhandlungen das Vertrauen beider Teile finden. Es muß daher mit peinlicher Strenge darauf gesehen werden, daß nicht Streikunterstützungen gegeben und keine Beiträge für gewerkschaftliche Kassen oder analoge Arbeitgeberverbände bewilligt werden.

Strenge Neutralität muß auch in den kommunalen Arbeitsnachweisstellen herrschen, welche sich in den letzten Jahren zugleich mit den von gemeinnützigen Gesellschaften errichteten paritätischen Nachweisen bereits zu einem wichtigen Glied in der Kette der zur möglichst schnellen Ausgleichung des wechselnden Arbeiterbedarfs dienenden Maßnahmen entwickelt haben und um so sicherer sich entwickeln werden, je mehr sie mit den kleinen Städten und dem platten Land und dessen Bedarf in engen Zusammenhang gebracht werden. Lehrreich ist u. a., wie die Erfahrung hier einen anfänglich sehr überschätzten Punkt, das Verhalten des Nachweises in Streikfällen, völlig in den Hintergrund gedrängt hat (vergl. Lindemann, a. a. O., S. 101).

Mit dem wechselnden Arbeiterbedarf steht in engster Beziehung das schwierige Problem der Arbeitslosen-Versorgung. Wenn irgendwo möchte man auf diesem Gebiet gern helfend eingreifen. Und doch ist es den Städten kaum möglich, hier einwandfrei zu helfen. Die verschiedensten Gesichtspunkte sind gleichzeitig zu berücksichtigen: die außerordentlichen Gefahren, welche eine einseitige, auf die großen Städte beschränkte Fürsorge durch Gewährung von Arbeit oder durch Versicherung für die Steigerung des sozial, und gerade für die ansässigen Arbeiter selbst, so äußerst bedenklichen Einströmens der arbeitenden Bevölkerung in die Städte hat; die bereits in erfreulicher Entwicklung begriffene Ausdehnung der Arbeitslosen-Versicherung durch die zentralisierten Gewerkschaften (1902 schon 26); die Notwendigkeit einer Unterscheidung zwischen Arbeitswilligen, welche durch Krisen, Stockungen, Entlassungen ihre Stellen verloren haben und andere nicht finden, und denjenigen Elementen, welche gewohnheitsmäßig nur zeitweilig und widerwillig arbeiten, sowie zwischen Berufen mit andauernder und mit sogenannter Saison=Arbeit; die Unmöglichkeit stadtseitiger Beschäftigung mit wirklich zweckmäßigen, dem Berufe der einzelnen ent= sprechenden Arbeiten und die Mißlichkeit der allgemeinen Verwendung bei Erd= und Steinschlagarbeiten; die geringen oft weit überschätzten Wirkungen einer Verschiebung städtischer Arbeiten auf den Winter; endlich die großen Bedenken, welche einer dauernden Unterstützung Arbeitsfähiger durch Arbeit außerhalb der gesetzlichen Armenpflege entgegenstehen: alle diese Erwägungen und Umstände werden wohl immer wieder darauf hinführen, daß die Städte zwar bei Not= ständen so gut als möglich helfend eingreifen sollen, daß aber eine wirkliche Hülfe nur durch eine, Stadt und Land zugleich umfassende obligatorische Reichs=Arbeiterversicherung in irgend einer Form geschaffen werden kann, so schwierig und ungeklärt die Frage auch jetzt noch erscheinen mag[1].

Endlich kommen für die hier vorliegenden Fragen auch noch die gesetzlichen, zum Teil freilich weiter greifenden Be= stimmungen in Betracht, welche den Städten **Befugnis zum Erlaß von Ortsstatuten über gewerbliche Fragen** geben oder gegeben haben (Gewerbegerichte, Sonntagsruhe u. a. m.). Bekanntlich sind die von einzelnen Städten infolgedessen geschaffenen Einrichtungen, z. B. beim Gewerbegericht, später Ausgangspunkt für allgemein ver= bindliche Gesetze geworden.

Immerhin sind die auf diesem Gebiet den Städten ge= zogenen Schranken ziemlich enge. Dagegen ist das **durch**

---

[1] Ein kurzer Überblick über den gegenwärtigen Stand der Frage von Dr. Schärtlin findet sich in der Deutschen Gemeinde=Zeitung vom 1. August 1903, S. 181—185.

die dritte Frage eröffnete Gebiet um so größer und fast unübersehbar.

Für die leibliche und moralische Gesunderhaltung des Volkes ist zweifellos eine gute Befriedigung des Wohnungsbedürfnisses von allererster Bedeutung. Und zwar ist das Reformbedürfnis keineswegs nur für Arbeiterwohnungen vorhanden, vielmehr wird es vom Mittelstand jedenfalls weit stärker empfunden. (Sehr richtig!) Jedoch muß ich es mir versagen, über die früher gegebenen Andeutungen hinaus diesen Gegenstand zu verfolgen, der bei gründlicher Behandlung stundenlange Erörterungen erfordern würde, und über welchen ich überdies meine Auffassung schon wiederholt, zuletzt 1900 auf dem Kongreß für öffentliche Gesundheitspflege in Trier, dargelegt habe. Ebenso wenig ist es mir gestattet, Ihre Geduld durch Schilderung aller auf den Gebieten geistiger Bildung und körperlicher Gesundheitspflege in den Städten möglichen und bereits geübten Tätigkeit in Anspruch zu nehmen. Ein flüchtiger Überblick ist indessen unerläßlich.

Staat und Gemeinde haben — vielfach neben der Kirche — von alters her in Deutschland der Schule ihre Sorge zugewandt, und neben die Volksschule hat sich in neuester Zeit die Sorge für die der Schule entlassene Jugend als eine meines Erachtens ebenso wichtige Aufgabe gestellt. (Sehr richtig!) Fortbildungs- und Gewerbeschulen fangen daher an, sich immer erfreulicher zu entwickeln, und zu den Krippen, Kleinkinderschulen und Kinderhorten gesellen sich Lehrlings- und Mädchenheime. Und je mehr sich neuerdings die Fürsorge für Kranke, Schwachbegabte und Hülfsbedürftige entwickelt, um so notwendiger ist es auf der anderen Seite, auch den Begabten aller Kreise die Möglichkeit einer guten, namentlich kaufmännischen und gewerblichen Ausbildung zu geben, damit die Nation als Ganzes im großen wirtschaftlichen Wettkampf der Völker, vor allem gegenüber dem mit Bildungsmitteln für alle so überaus reich ausgestatteten Volk der Vereinigten Staaten von Nordamerika erfolgreich bestehen kann. (Bravo!) Dazu kommt ferner auch die Fortbildung der Erwachsenen, in engem Zusammenhang mit der Erfahrungstatsache, daß wohl keine bisherige Generation so oft hat völlig umlernen und umdenken müssen, als unser Geschlecht, das Zeuge der großen Umwälzungen des letzten Menschenalters war. Und gerade für den kleinen Gewerbetreibenden kann nichts so wichtig sein, als die Fühlung mit den neueren technischen Fortschritten und die sichere Beherrschung der in dem geld- und kreditwirtschaftlichen Zeitalter unentbehrlichen kaufmännischen Kunst des Rechnens und der Buchführung. Volksvorlesungen und Hochschulkurse dienen daneben, unterstützt durch Volksbibliotheken, der Verbreitung allgemeinen Wissens. Auch die Kunst versucht man durch billige Theateraufführungen und Konzerte, durch erleichterten Besuch der Museen und Herausgabe billiger Vervielfältigungen den breiten Schichten zugänglich zu machen. Ein reger Wetteifer erfüllt alle zivilisierten Nationen und wir Deutsche sind namentlich England und Amerika auf diesem Gebiete zu großem Dank für zahlreiche Anregungen verpflichtet; und auch auf dem Gebiete der Volksschule, auf dem wir früher führend waren, sind in anderen Ländern in bezug auf praktischere und erziehlichere Gestaltung des Unterrichts so viel neue Gedanken insbesondere in bezug auf stärkere Betonung des Könnens gegenüber dem Wissen ans Licht getreten, daß wir mit offenem Blick und ohne die ablehnende Haltung ererbter Überlegenheit diese neuen Gedanken prüfen, und soweit sie gut sind, zur Aus- und Umbildung unseres bisherigen Systems verwerten müssen (sehr richtig!), wenn wir nicht schnell in das Hintertreffen geraten wollen. So scheinen z. B. Handfertigkeitsunterricht und hauswirtschaftliche Unterweisung gerade von diesem Gesichtspunkte aus noch mehr als bisher vorurteilsloser Würdigung unterzogen werden zu müssen.

Der bisweilen noch gemachte Einwurf, daß jene erweiterte Volksbildung nur zu Halbbildung führe, ist ohne Gewicht. Denn im Gegensatz zu den bisweilen schon übersatten Kreisen höherer Bildung erfüllt die aufstrebenden unteren Klassen vielfach ein wahrer Bildungshunger, der üble Nahrung sucht, wenn ihm nicht gute geboten wird; und wenn auch die Schätze bildender Kunst ohne historische Bildung nur in geringem Maße zugänglich sind, so ist dagegen Musik die geselligste und zugleich die erhebendste und versöhnendste aller Künste, und wer je Zeuge war, wie Haydns Jahreszeiten und Schöpfung, Mendelssohns Elias, ja Bachs Matthäus=Passion in atemloser Ruhe und andächtiger Stimmung von einem Arbeiterpublikum angehört wurden, der wird auch seinerseits dahin wirken wollen, daß unsere vornehmen Chorvereine diese und ähnliche Werke für ganz billige Preise, in Frankfurt für 30 und 40 Pfennig, unserer Arbeiterschaft zugänglich machen (Bravo!) Gesang wirkt noch weit kräftiger und anziehender als die ja vielfach schon jetzt zu ähnlichen Preisen aufgeführten Orchesterwerke. Sehr bedeutungsvoll erscheint mir auch der mit öffentlicher Unterstützung gemachte Versuch des Direktors des Frankfurter Dr. Hochschen Konservatoriums, Prof. Scholz, einen Volks=Chorverein heranzubilden, um mit eigenen Kräften Oratorien aufzuführen. Denn nichts ist so wichtig, als der mit eigener Tätigkeit verbundene Anteil der arbeitenden Klassen an allem, was ihre geistige Hebung fördert.

Aber auch die körperliche Gesundheitspflege erfreut sich schon seit geraumer Zeit eifriger Förderung, welche neuerdings durch vielfache Anregungen, namentlich aus England, erneuten Aufschwung genommen hat. Öffentliche Parks und Plätze, Spiele und Sportwesen, Schwimm- und andere Bäder, Ferienkolonien und Schülerwanderungen — alles dies findet ebenso wie das alte deutsche Turnen das regste öffentliche Interesse und trägt wirksam dazu bei, der schreckenerregenden Entfremdung von der Natur in dem großstädtischen Nachwuchs mit seinen künstlichen Daseinsbedingungen entgegenzuarbeiten. Hygienische Maßnahmen gegen Lebensmittelverfälschung und Seuchengefahr, Krankenhäuser und Erholungsstätten und zahlreiche andere ähnliche Anstalten schließen den schönen Kreis.

Über die Nützlichkeit und in weitem Umfang auch Notwendigkeit aller dieser, außerordentlich mannigfaltigen, der Initiative oder der Förderung der Städte zugänglichen oder bedürftigen Maßnahmen herrscht im allgemeinen fast allseitige Übereinstimmung. Es ist aber unerläßlich, sie sich in ihrer Gesamtheit zu vergegenwärtigen, weil damit zugleich die Vorstellung der zu ihrer Durchführung erforderlichen, geradezu kolossalen Geldmittel erweckt wird. Und da auch die weiteren Ausführungen auf die Notwendigkeit hinführen werden, für soziale Verbesserungen große Geldmittel aufzuwenden, so ist der finanzielle Gesichtspunkt gleich hier ein für alle Mal nach verschiedenen Richtungen hin zur Geltung zu bringen. Zunächst ist die Bedeutung der Beschaffung freiwilliger Beiträge zu betonen, sowohl der Schenkungen und letztwilligen Verfügungen, als der von seiten der zahlreichen Vereine und Gesellschaften aufgebrachten Mittel. Amerikanische und englische Opferwilligkeit in Stiftung von Parks, Bibliotheken, Schulen, Krankenhäusern und Bädern kann im ärmeren Deutschland natürlich nicht erwartet werden; aber die Stadtverwaltungen werden doch wesentlich mit dahin wirken können, daß möglichst viele freiwillige Kräfte, welche auch nach anderen Richtungen gar nicht entbehrt werden können, für diese Dinge interessiert und in Tätigkeit gesetzt werden und so Interesse und Kenntnis in immer weitere Kreise getragen und bei den Vermögenden Gebelust geweckt wird.

Immer aber werden die Stadtverwaltungen große Mittel selbst aufzubringen haben, und eben deshalb ist immer die Gesamtheit dieser großen Aufgaben im Auge zu behalten, weil nur auf diesem Wege die berechtigte Priorität für die einzelnen Aufgaben nach Maßgabe ihrer Nützlichkeit und Dringlichkeit in zutreffender Weise zur Geltung gebracht werden kann. Nur zu oft entsteht plötzlich aus irgend welchen Gründen — etwa weil eine Forderung Aufnahme in ein Parteiprogramm gefunden hat oder in der Tagespresse erörtert ist — ein stürmisches Verlangen nach Einführung gewisser Maßnahmen, obwohl andere viel nützlichere und notwendigere Einrichtungen noch nicht geschaffen sind. Demgegenüber ist dann diese Gesamtübersicht von größtem Wert. Denn immer und überall sind die für alle diese höchst gemeinnützigen Dinge verfügbaren Mittel beschränkte, ihre Verwendung für den einen Zweck schließt also die Befriedigung anderer Bedürfnisse aus. Steuererhöhungen für nicht auf staatlichem Zwang beruhende, sondern freiwillig durchzuführende städtische Maßnahmen sind aber ein gefährliches Mittel, da sie in weiten Kreisen nur zu leicht die Neigung zu solchem gemeinnützigen Vorgehen mindern und lähmen.

Eine ganz besondere Bedeutung hat daher die Frage, in welchem Umfange und nach welchen Grundsätzen für Benutzung aller dieser Einrichtungen Gebühren erhoben werden sollen und wie weit Unentgeltlichkeit herrschen soll. An dieser Stelle ist besonders der letzte, höchst wichtige Punkt zu berühren, der in den sozialistischen Programmen, wie wir sahen, eine große Rolle spielt.

Im Schulwesen ist, nachdem der Volksschulunterricht selbst meist schon unentgeltlich geworden, die Forderung der Unentgeltlichkeit der Lehrmittel, welche m. W. zuerst im Kanton Glarus und einzelnen bernerischen Gemeinden, dann in anderen schweizerischen Kantonen und Gemeinden, zum Teil mit Kantonshülfe durchgeführt ist[1], nicht nur in die sozialdemokratischen Programme, sondern auch in die der national=sozialen und der deutschen Volkspartei aufgenommen; cantines scolaires, d. h. unentgeltliche Speisung un= bemittelter Schulkinder sind m. W. zuerst von den Sozialisten in Frankreich und Belgien gefordert und auch in einer Reihe von sozialistisch verwalteten Gemeinden unter Aufwendung großer Mittel durchgeführt, haben aber auch in den deutschen sozialdemokratischen Programmen Aufnahme gefunden; un= entgeltliche Lieferung von Kleidung und Schuh= werk an unbemittelte Schulkinder schließt sich in Programmen an und ist gleichfalls in sozialistisch verwalteten Städten durchgeführt.

Auf anderen Gebieten werden gleichfalls zahlreiche Forderungen auf Unentgeltlichkeit erhoben:

Das Programm von Lyon fordert „Etablissements de bains et de lavoirs publics gratuits"; unentgeltliche ärztliche Behandlung und Krankenpflege ist schon die Forderung vieler Programme geworden und bildet in der Schweiz bereits einen wichtigen Gegenstand der Gegen= wartspolitik; ebenso ist die im Kanton Zürich und in anderen Schweizer Kantonen eingeführte unentgeltliche Be= erdigung nicht nur in die sozialdemokratischen, sondern auch in andere Programme aufgenommen.

---

[1] Näheres hierüber Dr. A. Huber, Die Unentgeltlichkeit der indivi= duellen Lehrmittel u. s. w. im Jahrbuch des Schweizerischen Unterrichts= wesens, 1891 und Schweizerische Schulstatistik, 1894/95. VIII. Bd., S. 303 ff. — Bundesbeiträge werden gewährt nach dem Gesetz vom 25. Juni 1903, Art. II, Nr. 7.

Sie sehen: wir stoßen auf diesem Wege sofort auf eine Reihe der schwerwiegendsten Fragen.

Wer möchte verkennen, daß die leichteste Zugänglich= machung aller höheren Güter unserer Bildung und Kultur für alle von gewaltiger Bedeutung für die Einheitlichkeit unseres Volkslebens und den Ausgleich wirtschaftlicher und sozialer Gegensätze ist? Und gewiß ist in weitem Um= fange die Einführung der Unentgeltlichkeit nur eine Geldfrage: so bei Parks, zoologischen und botanischen Gärten, Bibliotheken, Museen und anderen ähnlichen Bildungs= anstalten, und eine günstige Lösung dieser Geldfrage, d. h. unentgeltlicher Besuch zu allen oder wenigstens möglichst aus= gedehnten Tages= und Abendstunden ist m. E. auf das dringendste zu wünschen. Bei anderen Veranstaltungen bietet die Unentgeltlichkeit schon insofern Schwierigkeiten, als der Platz immer nur für eine ziemlich beschränkte Menschen= zahl ausreicht und die Bezahlung des Platzes daher vielfach unentbehrlich ist, um eine Scheidung der lebhafter Inter= essierten vorzunehmen. Deshalb mag bei Volksvorlesungen, auch kirchlichen Konzerten, wo der Andrang sich in engeren Grenzen hält, die Unentgeltlichkeit durchführbar sein, während sie bei den die Menge lockenden Schaustellungen und musi= kalischen Genüssen unmöglich wird. Ebenso wird es — ab= gesehen von Brausebädern — meist bei den öffentlichen Bade= anstalten liegen. Allein hier greifen schon andere Gesichts= punkte von ungemeiner prinzipieller Bedeutung ein.

Wohl ist es erklärlich, daß sozialistische Mehr= heiten in Gemeinderäten zunächst auf ausgehnte Ein= führung der Unentgeltlichkeit kommen, um in ihrem Sinn praktische Politik zu treiben und den Segen ihrer Herr= schaft ihren Anhängern offenbar zu machen. Denn derartige kommunistische Eingriffe in die Verteilung der Güter sind sehr viel einfacher und leichter, als Änderungen in der Güter=

erzeugung, und bieten auch finanziell gar keine Schwierigkeiten, so lange und insoweit eine Majorität von Nichtbesitzenden die Verfügung über die Einkommen und Vermögen der Besitzenden hat — weshalb es, nebenbei bemerkt, nach allen Seiten hin von außerordentlich großer Bedeutung ist, ob die Gemeindeverwaltung wie in England nur das Recht zur Erhebung eines — Unbemittelte, Mittelstand und Reiche immer gleichzeitig treffenden — gleichen Prozentsatzes der Mietssteuer (poor rate) hat oder ob sie auch über progressive Einkommensteuern verfügt.

Die vorher schon erwähnten Berichte über sozialistische Gemeindeverwaltung sind für die richtige Stellungnahme zu diesen Fragen äußerst interessant. Ich kann hier nur einige Sätze aus dem Pariser Bericht (1900, S. 484, 485) zitieren. Nachdem der Verfasser, Maurice Charnay, ausgeführt hat, daß die Herstellung von Wegen, die Einrichtung der Justiz und Polizei, des Unterrichts u. s. w. nur ein Anfang des Sozialismus sei, und man solche Gemeinschaftseinrichtungen nur weiter entwickeln müsse, fährt er fort: En France, elle (la commune) donne l'instruction gratuite à tous les enfants: n'est-ce pas un devoir plus impérieux de distribuer gratuitement l'eau, qui est nécessaire à la consommation et à l'hygiène? Quand on aura l'eau, pourquoi n'aurait on pas la lumière à domicile? Et, après la lumière le pain, les vêtements et le reste? (Heiterkeit!) Car la gratuité n'est qu'une apparence: quelqu'un paye ces dépenses, et c'est tout le monde, représenté par la commune. Une des fins du socialisme communal, en attendant la transformation radicale, qui supprimera les classes sociales, est précisément de rendre la gratuité effective en mettant les services publics à la charge de ceux qui possèdent, en les obligeant à contribuer ... en raison ... de leurs facultés ... l'impôt progressif est dans la commune une mesure inévitable de justice; il peut devenir un moyen puissant de reprise des richesses publiques sur la classe qui s'en est emparé. Étendre infiniment le domaine des services publics, en imposant les riches et en exonérant les pauvres, tel est en quelques mots le programme du socialisme communal . . .

M. H.! Es ist ohne weiteres klar, daß diesem Programm gegenüber der Versuch, durch Entgegenkommen auf einzelnen Gebieten zur Verständigung zu gelangen, vollkommen aussichtslos und vergeblich ist und deshalb die Notwendigkeit bestimmter prinzipieller Stellungnahme nicht umgangen werden kann. Zum Zweck einer solchen ist zunächst zu prüfen, ob diese allgemeine Unentgeltlichkeit im einzelnen Fall nicht ganz anders als beabsichtigt wirkt, indem sie nämlich vielfach auf einen völlig unmotivierten Kommunismus der bemittelteren Klassen hinauskommt, auf den schon Adolf Wagner[1] hinweist, der sich auf das Urteil von Karl Marx beruft und dabei der in der Schweiz vielfach durchgeführten Unentgeltlichkeit des höheren Schulunterrichtes gedenkt, die ursprünglich auch von der deutschen Sozialdemokratie gefordert war, jetzt aber nur noch mit wesentlichen Beschränkungen gefordert wird. Dies Bedenken trifft jedenfalls auch für Bäder, Beerdigungen, Krankenpflege, ja auch für die Unentgeltlichkeit der Lehrmittel in Volksschulen zu, soweit letztere auch von Kindern der bemittelten Klassen besucht werden. Die richtigere Parole für alle hierfür geeigneten Fälle wird vielmehr heißen müssen: Beschränkung der Unentgeltlichkeit auf die Unbemittelten, wie sie ja für Beköstigung und Kleidung der Schulkinder von den Sozialisten selbst verlangt wird, und abgestufte, das Einkommen berücksichtigende Gebührentarife, wie sie z. B. neuerdings für Beerdigungen und das Schulgeld an höheren Schulen mehrfach durchgeführt sind.

[1] Grundlegung der politischen Ökonomie. 3. Aufl. I. S. 844 (1892).

Noch wichtiger ist die Frage, wann die Unentgeltlichkeit den Charakter einer öffentlichen Unterstützung annimmt und infolgedessen anfängt, einerseits als eine Art Zuschuß zum Lohn die Verhältnisse des Arbeitsmarktes zu verwirren und andrerseits bedenkliche Folgen und Rückwirkungen auf die Selbstverantwortlichkeit, die zur Beschaffung der Unterhaltsmittel der einzelnen und ihrer Angehörigen unentbehrliche Umsicht und Energie und die sonstigen Charaktereigenschaften einer selbständigen Persönlichkeit auszuüben. (Sehr richtig!) Bekannt ist, daß die sozialistische Richtung diese Bedenken gegenüber ihrem Wunsche sofortiger Hülfe zurückstellt, wie sie ja auch alle Wahlrechtsbeschränkungen infolge der Armenunterstützung verwirft; aber alle Erfahrungen haben gezeigt, daß die öffentliche Unterstützung in immer weiteren Kreisen geradezu verheerend und verwüstend auf die moralische Gesundheit wirkt, wenn ihr nicht die starken Garantien gegen leichten und ausgedehnteren Gebrauch zur Seite stehen, wie sie überall aufgerichtet sind. Es ist von großem Interesse, in Aschrotts bekannter Darstellung des englischen Armenwesens (Nachtrag von 1898, S. 22—24) nachzulesen, wie das von der Fabian society in einem ihrer Tracts ausgegebene Schlagwort des Humanizing the Poor-Law (Humanifierung der Armengesetze) zwar zuerst sehr energische Versuche fortgeschrittener Armenverbände hervorgerufen, bald aber, namentlich auch wegen der ungeheuerlich wachsenden und alle Kreise treffenden englischen Armensteuern, seine Zugkraft wieder verloren hat.

Eine solche Auffassung verschließt sich natürlich nicht den wirklich vorhandenen Notständen, aber sie sinnt auf Entdeckung und Beschreitung anderer Wege zur Abhülfe.

Die Unterstützung der Eltern durch Gewährung von Verpflegung und Kleidung an ihre schulpflichtigen Kinder kann hinsichtlich bedenklicher Konsequenzen erheblich dadurch abgeschwächt werden, daß sie nicht von den Gemeinden in Anerkennung einer Verpflichtung, sondern von der **Vereinstätigkeit** übernommen wird, welche auch jetzt schon vielfach dieses Gebiet bearbeitet und hier wie an anderen Stellen mit ihrer auf dem **karitativen System** beruhenden, **ergänzenden Tätigkeit unentbehrlich** ist.

Wichtiger ist die möglichste Einengung und Ersetzung des kommunistischen Systems durch das System der **Versicherung**, wie es in bisher unerhörtem und für unmöglich gehaltenem Umfange im Deutschen Reiche durchgeführt ist. Die Versicherung von Krankheits- und Sterbegeld gibt — abgesehen von der Verbesserung und Sicherung der gesamten wirtschaftlichen Lage — dem Versicherten ein Vermögensrecht auf die für Bestreitung von Arzt, Krankenpflege und Beerdigung sowie für den Unterhalt in den Tagen des Alters und der Arbeitsunfähigkeit erforderlichen Mittel und erhebt ihn hiermit in die Reihe der Besitzenden. Und wenn hier, z. B. bei Verpflegung erkrankter oder Beerdigung verstorbener Angehörigen, noch Lücken sind, auch die Höhe der Kassenleistungen nicht immer ausreicht, so gilt es auf der sicheren Grundlage, besonders durch Ausbildung der Familien-Versicherung, wie es an vielen Orten geschieht, energisch weiterzubauen und nicht auf Systeme zurückzugreifen, welche in Ländern in Geltung sind, welche der obligatorischen allgemeinen Versicherung entbehren, was insbesondere auch von der Schweiz gilt, wo bekanntlich das souveräne Volk im Referendum ein Gesetz über obligatorische Versicherung verworfen hat. Denn es ist wohl nicht zweifelhaft, daß unsere deutsche, von den besitzenden Klassen geschaffene Arbeiterversicherung, deren segensreiche, auch mittelbare Einwirkungen sich ja schon auf die weitesten Gebiete, wie Wohnungswesen, Errichtung von Krankenanstalten und Sanatorien, Vorbeugungsmaßregeln gegen Unfall und Krankheit erstrecken, in immer wachsendem Umfange berufen sein wird, den großen Gedanken der, wenn auch auf staatlicher Verpflichtung beruhenden Selbstfürsorge an Stelle der öffentlichen Unterstützung zu setzen und die anderen noch widerstrebenden Länder zur Nachfolge zu zwingen. Es kommt hinzu, daß auch dem immer noch mächtig wirkenden Gleichheitsideal durch diesen Eintritt der nicht besitzenden Klassen in die Reihen der aus Eigenem Lebenden offenbar weit mehr entsprochen wird, als durch die öffentliche Unterstützung. Und damit kommen wir auf einen letzten, für die Beurteilung der Unentgeltlichkeit sehr wichtigen Punkt.

In Wirklichkeit wird nämlich der weite Mantel der Unentgeltlichkeit nur umgehängt, um den Charakter der Zuwendung als einer Unterstützung zu verdecken und so dem Gleichheitsideal auf diese Weise zu genügen. Aber auf diesem Wege wird die Gleichheit eben ganz unnötigerweise um einen überaus teueren Preis: um den Verzicht auf die sehr leicht eingehenden Vergütungen der Besitzenden, erkauft, deren Verwendung für andere wichtige gemeinnützige Maßnahmen dadurch unmöglich gemacht wird. Es trifft dies in vollem Maße für die freie Beerdigung zu, welche — wie ausgeführt — richtiger durch Sterbegeld-Versicherung einerseits und abgestufte Beerdigungsgebühren andrerseits unnötig gemacht wird. Und auch bei der Lehrgeldmittelfreiheit, welche ja als Konsequenz der Schulgeldfreiheit noch am leichtesten verteidigt werden kann, wird man bei Abwägung der für und wider dieselbe sprechenden Gründe doch wohl sagen müssen, daß die Beschränkung der unentgeltlichen Lieferung auf Unbemittelte, welche ja sehr liberal gehandhabt werden kann und nicht den Charakter der Armenunterstützung zu tragen braucht, doch weniger bedenklich ist, als die Befreiung zahlreicher Eltern von einer Ausgabe, die sie sehr wohl tragen können und auch in weit überwiegender Zahl gern zu tragen bereit sind. Die vielberufene Gleichheit aller kann aber hier offenbar nichts beweisen, da die lebhaft bekämpfte Unterscheidung von Unbemittelten und Bemittelten im zarten Kindesalter ja auch nach dem sozialistischen Programm bei der Verpflegung und Bekleidung doch nicht zu vermeiden ist. Für unsere deutschen Verhältnisse, wo neben der Volksschule noch Mittelschulen bestehen, kommt außerdem die Gefahr des Überganges der Kinder aus bemittelteren Kreisen in die Mittelschulen und die Herabdrückung der Volksschulen zu Armenschulen sehr in Betracht, da die unentgeltliche Verabreichung der Lehrmittel vielfach als aufgezwungene öffentliche Unterstützung angesehen werden wird.

Es kommt hierbei immer wieder die alte Neigung radikaler Geister und Parteien zum Durchbruch: die tatsächliche Gleichheit dekretieren, d. h. durch Zwang der öffentlichen Behörden herbeiführen zu wollen. Sie ist gefährlich, weil ihr Hervortreten den guten Willen der Besitzenden zu sozialen Reformen lähmt, und sie ist nutzlos, weil die Ungleichheit sich doch immer wieder zur Geltung bringt. „Naturam expellas furca tamen usque recurret," sagt ein alter Vers. So wird die Gleichheit der Beerdigung, wie sie von sozialdemokratischen Programmen gefordert wird, doch nie zu einer Gleichheit des Gräberschmuckes führen können, und in Wirklichkeit wird denn auch bei der schweizerischen Unentgeltlichkeit der Beerdigung von einer Gleichheit abgesehen, indem gegen besondere Gebühren eine reichere Form der Beerdigung gewährt wird. (Heiterkeit.)

Unvereinbar mit der Freiheit ist ferner die sozialdemokratische Forderung des für alle gleichen obligatorischen Volksschulunterrichtes, der unter Ausschluß von Privatschulen allen Kindern gemeinsam sein soll. Wohl wird eine Unterrichtsgemeinschaft aller Kinder in den ersten drei Jahren, wie sie in Bayern, Westfalen und in anderen Gegenden schon besteht, sozial von Vorteil und deshalb anzustreben sein, obwohl man jene Vorteile, die nur in sehr jungen Jahren vorhanden sind und durch andere Einflüsse überwogen werden, doch oft erheblich überschätzt, aber derartige neue Gewöhnungen können nur langsam und mit großer Vorsicht angebahnt werden. Versuche zwangsweiser Ausgleichung pflegen die Gegensätze nur zu verschärfen. Wenn aber im Sinn solcher allmählichen Anbahnung die Abschaffung aller Vorschulklassen höherer Schulen verlangt wird, so ist dabei zu erwägen, daß die Maßregel ohne gleichzeitige Aufhebung der untersten Klassen der Mittelschulen wirkungslos bleiben, daß sie aber, wenn in solchem Umfange durchgeführt, in vielen Orten sicher zu einer starken Begründung von Privatschulen führen und dann gleichfalls wieder erfolglos bleiben würde.

Ich beende hiermit diese Ausführungen, die ich nicht kürzen mochte, weil sie m. E. **Probleme betreffen, die noch viel zu wenig nach ihrer grundsätzlichen Seite hin erörtert sind und die in nächster Zeit sicher noch oft zu lebhaften Verhandlungen führen werden.**

Die hiermit in engen Beziehungen stehende **Frage einer gerechten Regelung des gesamten städtischen Abgabenwesens unter Beachtung sozialer Gesichtspunkte** kann ich der vorgerückten Zeit wegen nur noch in aller Kürze berühren. Dies ist bezüglich der zur Zeit wichtigsten, der in Preußen bekanntlich „kommunalisierten" **Grundbesitzsteuern** auch um so eher möglich, als die Fragen der Umsatzsteuer und der Steuer vom gemeinen Wert neuerdings aus Anlaß des Kampfes gegen die Landspekulation sehr vielfach erörtert sind und ich selbst auf dem schon erwähnten Kongreß für öffentliche Gesundheitspflege in Trier mich über diesen Gegenstand noch weitläufig geäußert habe, so daß ich mich also nur wiederholen würde, wenn ich jetzt näher darauf einginge.

Hervorzuheben ist sodann, daß die meisten deutschen Städte — vor allem die preußischen und sächsischen — den englischen französischen und belgischen insofern weit vorausgeeilt sind, als die sozialistische Forderung einer **progressiven Einkommensteuer** für sie bereits erfüllt ist. Bekanntlich ist diese Art der Besteuerung erst nach langem Widerstand der alten individualistischen Schule durchgesetzt, welche sich namentlich auch auf den Grundsatz der rechtlichen Gleichheit aller stellte und eine **gleiche Steuer im Verhältnis zum Einkommen** forderte. Ein hoch bedeutsames Ergebnis dieser Entwicklung ist die nunmehr beiden Seiten, den Besitzenden und Unbemittelten gemeinsame, nach vielen Richtungen hin wichtige Erkenntnis, daß eine **absolute formale Gleichheit unter Umständen eine falsche und ungerechte** ist, und die gerechte Lösung in einer, den tatsächlichen Verschiedenheiten und der wirklichen Leistungsfähigkeit der einzelnen angepaßten Ordnung besteht.

Ich habe vorher bereits angedeutet, daß ich **eine Anwendung dieser Anschauung auf die Regelung der Gebührenfrage in gewissem Umfange für möglich und berechtigt halte.**

Die Grenzen sind hier freilich **enger gezogen:** denn man kann z. B. von den Gästen einer **Trambahn** mit nur einer Wagenklasse keine abgestufte Fahrgebühr erheben, man müßte es denn machen wie in jener bayerischen Stadt, von der ich neulich las, daß man, um die Fremden zu treffen, verschiedene Tarife eingeführt hätte und von jedem Einsteigenden verlangt hätte, daß er ein nur von einem Einheimischen auszusprechendes Wort mit „oa" (Große Heiterkeit.) aussprechen sollte. Wenn ihm das gelang, zahlte er 10 Pfennig, sonst mußte er 20 Pfennig bezahlen. (Große Heiterkeit.) Wohl aber kann man — um ein anderes Beispiel zu nennen — bei Schwimmbädern, Krankenhäusern und ähnlichen Einrichtungen durch Schaffung mehrerer Abteilungen die Möglichkeit abgestufter Sätze gewinnen, was den Vorteil hat, daß die Ausfälle bei den niedrigen Sätzen durch Überschüsse bei den höheren ganz oder teilweise ausgeglichen werden können. Bei andern Veranstaltungen — Schulen, Friedhöfen u. a. m. — ist, wie schon erwähnt, eine Berücksichtigung des Einkommens ohne weiteres möglich und leicht durchführbar, weil die Besitzenden sich gegen eine hohe Bezahlung der ihnen persönlich gewährten Leistungen sehr viel weniger zu sträuben pflegen, als gegen eine hohe Anspannung der allgemeinen Einkommensteuer. Das beruht auf leicht verständlichen psychologischen Gesetzen. Die preußischen Städte haben allen Anlaß, die in dieser Richtung hier und da bereits unternommenen, aber in den höheren Instanzen auf Grund einer m. E. irrtümlichen Auslegung des Kommunalabgabengesetzes zurückgewiesenen Versuche einer rationellen Ausbildung des Gebührenwesens mit allen geeigneten Mitteln weiter zu verfolgen. Denn je weiter sich der Kreis städtischer Unternehmungen ausdehnt, um so wichtiger wird die auch nach anderen Richtungen noch vielfach unklare Gebührenfrage, deren widersprechende Beantwortung u. a. auch bei den Tarifen für Wasserbezug und Kanalisation schon zu erheblichen Schwierigkeiten geführt hat.

Eine Berücksichtigung Unbemittelter ist schon im Preußischen Kommunalabgabengesetz von 1893 vorgesehen. Sie kann sich insbesondere auch dann empfehlen, wenn man die Benutzung einer Einrichtung, etwa der Desinfektionsanstalt, fördern will. Auch der Wassergebrauch gehört in gewissen Grenzen hierher. Ähnliche Gesichtspunkte rechtfertigen auch die Unentgeltlichkeit des Arbeitsnachweises — wenigstens zum Anfang.

Die Höhe der Gebühren ist natürlich ganz von der oben schon gestreiften Frage abhängig, ob und inwieweit die städtischen Betriebe Überschüsse liefern sollen und dürfen. Ich sagte oben schon, daß man dabei zwischen den verschiedenen Unternehmungen unterscheiden muß; und manche von ihnen scheinen mir in der Tat sehr geeignet zu Gewinn bringender Behandlung, deren Ergebnisse dann mit zur Deckung der zahlreichen anderen, notwendigerweise mit Defizit arbeitenden Unternehmungen und zur Förderung anderer gemeinnütziger Unternehmungen dienen können. Ich nenne beispielsweise die Beleuchtungsanlagen. Der Gebrauch elektrischen Lichtes ist unzweifelhaft beim heutigen Stande der Technik ein Luxus, für den auch bezahlt werden kann, und auch das Gas dient in weitem Umfange dem Gebrauch der Wohlhabenden. Ebenso gehört in gewissem Umfange die Trambahn hierher, bei welcher außerdem die Benutzung seitens der Fremden und der gelegentlichen Besucher, die oft zahlreich sind, in Betracht kommt, für welche ein etwas höherer oder niedrigerer Preis keine Rolle spielt. Ich glaube, wir alle würden gern bereit sein, für eine gelegentliche Fahrt auf der hiesigen Trambahn einen etwas höheren Preis zu bezahlen, namentlich wenn die Bahn städtisch wäre. Aber, so wird man einwenden: will man denn die regelmäßigen Besucher, namentlich die auswärts wohnenden Leute des Arbeiter- und Mittelstandes, welche der billigen Tarife bedürfen, um überhaupt draußen wohnen zu können, so ganz vergessen? Immer wieder kommt dieser Einwurf. — Gewiß will man das nicht. Aber ihre Berücksichtigung vollzieht sich richtiger und gerechter, wenn man für sie Ermäßigungen durch geeignete Abonnements schafft. Dadurch wird diesen Leuten weit mehr geholfen, als durch allgemeine Tarifherabsetzungen, welche ja aus naheliegenden finanziellen Gründen soweit wie die Spezialtarife nie gehen können.

Im übrigen kann nur die gesamte finanzielle Lage jeder einzelnen Stadt entscheiden, zu deren Beurteilung vor allem auch die Beantwortung der Frage erforderlich ist, welche der vorher aufgeführten unzähligen Einrichtungen von sozialer Bedeutung — deren Durchführung, wie gesagt, unendliche Geldsummen beansprucht — sie ins Leben zu rufen oder zu fördern beabsichtigt? Die Einrichtung obligatorischer Fortbildungsschulen, die Herabsetzung der Frequenzziffer der Schulklassen, die Errichtung und der Betrieb von Krankenhäusern — um nur einige wenige eben jetzt im Vordergrund stehende Gegenstände zu erwähnen — welche gewaltige Mittel sind allein dafür erforderlich! Zahlreiche andere Unternehmungen gemeinnützigen Charakters aber harren gleichfalls der Inangriffnahme, und so ist — wenn eine Steuererhöhung nach Lage der Verhältnisse nicht wohl in Frage kommen kann — eben abzuwägen, was für den größten Teil der Bürgerschaft nützlicher ist: eine Herabsetzung etwa der Beleuchtungs- oder Trambahntarife oder aber die Begründung oder Förderung einiger der früher genannten Einrichtungen für das Gemeinwohl? Macht man sich diese allein richtige Fragestellung klar, dann zerfällt der beliebte Vorwurf des „öden Fiskalismus" in sich selbst. Von einer ungerechten indirekten Besteuerung der Benutzer jener Einrichtungen zu Gunsten anderer kann aber m. E. mit Grund nicht wohl gesprochen werden. Denn niemand hat einen Anspruch darauf, daß die Stadt große Betriebe ohne angemessenen Gewinn betreibt, zumal immer ein erhebliches Risiko mit ihnen verbunden ist, sei es wegen der Möglichkeit entwertender technischer Neuerungen, sei es wegen der Unsicherheit der Abnutzungskoeffizienten, sei es auch nur wegen der allgemeinen, allen Betrieben gemeinsamen Un=

sicherheitsmomente, welche auch durch sehr starke Rücklagen nicht ausgeschaltet werden können.

Doch genug der Einzelheiten, deren richtige Regelung freilich immer das Entscheidende für das gute Gelingen einer Unternehmung bleibt. Denn Sie wissen, eine gute Verwaltung beruht auf der guten Erledigung der Einzelheiten, wobei freilich die prinzipiellen Punkte, wie ich nochmals betone, nicht vergessen werden dürfen.

Die früher von mir gestellten fünf Fragen sind nunmehr nach dem Maß meiner Kräfte und der mir zur Verfügung stehenden Zeit beantwortet. Zugleich aber habe ich durch den Hinweis auf das von den deutschen Städten bisher schon auf sozialem Gebiet Geleistete und das weiter noch zu Leistende auch schon eine weitere, vom Ausland her wie bei uns zu Lande viel gestellte Frage in bejahendem Sinne beantwortet: ob denn von unseren deutschen Städten, denen sowohl das allgemeine gleiche Stimmrecht als der allein entscheidende Gemeinderat mit selbstgewähltem wechselnden Vorsitzenden fehlt, soziale Reformarbeit überhaupt geleistet werden könne?

Wenn dies von den Sozialisten aller Länder übereinstimmend verneint wird, so beruht dies auf der Anschauung, daß die von ihnen gewollten sozialistischen Umgestaltungen nach Maßgabe der mitgeteilten Programme nur von sozialistischen Majoritäten gegen den Willen der Besitzenden durchgeführt werden können. Und hierin haben sie unzweifelhaft recht.

Ich habe aber, und ich glaube, auch die meisten von Ihnen, den sehnlichen Wunsch, daß die notwendigen, von den Gemeinden zu leistenden Reformen ebenso unter Zustimmung der Besitzenden zur Durchführung gelangen, wie die Arbeiterschutz- und Arbeiterversicherungs-Gesetze, letztere mit jährlichen Arbeitgeberbeiträgen von über 200 Millionen Mark (in 1900), durch die Besitzenden, wenn auch unter starker Einwirkung unseres alten, von seinem großen Kanzler beratenen Kaisers, geschaffen sind, und darum freue ich mich, aus der Vergangenheit die Überzeugung gewonnen zu haben, daß die Einsicht in die Notwendigkeit sozialer Reformarbeit sowie die zu ihrer Durchführung erforderliche Opferwilligkeit in den bürgerlichen Kreisen, aus denen unsere städtischen Verwaltungen ja überwiegend hervorgehen, in erfreulichem Wachstum begriffen ist, und daß das bisher schon Geschaffene und die bisher gemachten Fortschritte zu der Hoffnung weiteren, wenn auch vorsichtigen Vorwärtsschreitens berechtigen.

Die Mitarbeit der Sozialisten, welche ja auch nach den jetzt bestehenden Verfassungen, insbesondere bei dem Dreiklassen-Wahlsystem, wie die Erfahrung in Preußischen wie Badischen Städten zeigt, sehr möglich ist, kann hierbei nur erwünscht sein, wobei ich hier natürlich ganz dahingestellt lassen muß, ob und inwieweit eine Abänderung der geltenden Wahlrechte empfehlenswert sein mag.

Die Eigentümlichkeit unserer deutschen Städteverfassungen, welche auf einem Zusammenwirken von besoldeten Beamten, Bürgermeistern und Stadträten, mit ehrenamtlich arbeitenden Männern aus der Bürgerschaft beruht, ist ja dem Ausländer schwer verständlich zu machen. Er kennt weder die bedeutsame Geschichte, die wertvollen Traditionen und die heutige Stellung des deutschen Staatsbeamtentums, aus dem jene besoldeten Beamten meist herhervorgehen, noch auch die Besonderheiten unserer wirtschaftlich-gesellschaftlichen Entwicklung, welche zur Bildung einer Staat und Gemeinde beherrschenden und zur Übernahme aller verantwortlichen Ämter bereiten und befähigten gentry im

englischen oder auch bourgeoisie im französisch-belgischen Sinne
wenigstens bislang nicht geführt hat. Wir aber, die wir
in langen Jahren gemeinsamer Arbeit zusammengewirkt
haben, besoldete und unbesoldete Diener des städtischen Gemeinwesens, wir wissen die einzigartige Kraft zu schätzen,
welche aus dieser Gemeinschaft erwächst, und wenn der Beamte auf der einen Seite, in täglicher Berührung mit den
Männern des Erwerbslebens dessen Bedürfnisse und den gewaltigen demokratischen Zug unserer Zeit verstehen lernt,
so sieht auf der anderen Seite auch der erwerbstätige
Mann, daß die berufliche Ausbildung und die Widmung
seiner gesamten Arbeitskraft den Beamten zu einem ver-
tieften Eindringen in die städtischen Aufgaben befähigt und
ihm starke Grundlagen gedeihlicher Arbeit schafft. Wohl mag
ein, vom Vertrauen seiner Mitbürger, zumal seiner Partei
getragener englischer Mayor, wie einst Chamberlain in
Birmingham, Größeres leisten können als irgend ein deutscher
Bürgermeister, aber im allgemeinen ist es doch wohl ein gesunder Gedanke, daß die die Verwaltung verantwortlich
führenden Männer auch äußerlich, in ihrer Stellung, als die
Verantwortlichen hervortreten und nicht, wie die in den
meisten Fällen doch die Verwaltung leitenden oder stark be-
einflussenden town-clerks und Sekretäre der englischen und
französisch-belgischen Städte, unsichtbar im Hintergrund
bleiben.

Es kommt hinzu, daß diese unsere deutschen städtischen
Beamten ihrer ganzen Stellung und Ausbildung nach an
objektives Beobachten und Arbeiten gewöhnt sind
und daher in einer Zeit schroffer sozialer Gegensätze zu einer
Politik der Versöhnung und zur Zusammenarbeit mit allen
Kreisen besonders berufen erscheinen.

Vor mehr als 50 Jahren sagte Lorenz Stein, der weit-
schauende Historiker und tiefdringende Sozialökonom, in

seinem berühmten Buch über den „Sozialismus und Kommunismus des heutigen Frankreichs" (2. Ausgabe, 1848, S. 581, 582), daß den Parteien die Erkenntnis aufgehe, daß der Wert der Formen einer Statsgewalt sich nach der Möglichkeit richte, die sie darbieten, um die sozialen Aufgaben zu erfüllen[1], und daß die Zeit vorüber sei, wo man diese Form als die Hauptsache im Staate betrachte; daß diese Erkenntnis aber Frankreich nicht eigentümlich sei, sondern sich mit mehr oder weniger Klarheit in allen Ländern ausgeprägt finde. Und ohne Frage beruhe auf dieser Idee, welche vor allem die Annäherung der beiden so lange getrennten Feinde, des monarchischen und des demokratischen Prinzips ermögliche, in Zukunft die Entwicklung Europas. Und ich meine: Ähnliches gilt auch für die Gemeindeverfassung: über ihre Güte entscheidet nicht die Form, sondern das Maß wirklicher und dauernder Leistungen, vor allem auf dem Gebiet der sozialen Aufgaben, so daß auch hier gilt, was Lessing für ein anderes Gebiet, im hohen Lied der religiösen Toleranz, im Nathan in der Parabel vom Opalringe lehrte, der die geheime Kraft hatte, „vor Gott und Menschen angenehm zu machen, wer in dieser Zuversicht ihn trug". „Wohlan," so sagt er:

---

[1] Vgl. L. Blanc, Le Socialisme. Droit au travail. 3ᵐᵉ Ed. 1849, p. 11. „Pour le gros de la bourgeoisie l'avènement de la République était le dernier terme du progrès possible. Pour le peuple — la réforme politique" (d. h. die Revolution von 1848) „n'était qu'un moyen d'atteindre le but, c'est-à-dire la réforme sociale. — Neuerdings haben freilich in Frankreich aus leicht erklärlichen Gründen J. Jaurès und Millerand soziale Reform nur in einer Republik für möglich erklärt und die Formel geprägt: La République est la formule politique du Socialisme, comme le Socialisme est l'expression économique et sociale de la République. Vgl. A. Millerand, Le socialisme réformiste Français, Paris 1903 und J. Jaurès, Études socialistes, Paris 1902.

„Es eifre jeder seiner unbestochenen,
Von Vorurteilen freien Liebe nach!
Es strebe von euch jeder um die Wette,
Die Kraft des Steins in seinem Ring an Tag zu legen" —
dann wird in ferner Zeit „ein weis'rer Mann" auf dem Richterstuhl Entscheidung geben.

Freilich, gerade in **Deutschland sind die Schwierigkeiten guter Taten auf diesem Gebiet außerordentlich groß.** Denn obwohl die Prinzipien der wirtschaftlichen Freiheit und der staatlichen Untätigkeit hier nie so völlig zur Geltung gelangten und niemals solche Mißstände zeitigen konnten als in England und Frankreich, so ist trotzdem hier bekanntlich die extreme sozialistische Strömung weitaus stärker. Mag nun die Ursache dieser Erscheinung darin liegen, daß die wirtschaftlichen Umwälzungen des letzten Menschenalters sich gerade bei uns mit so ungeheurer Schnelligkeit vollzogen haben und der Übergang von der kleinstaatlichen Enge zu einer Großmachtstellung auf dem Weltmarkt so plötzlich gekommen ist und so viele schwer getroffen hat; oder darin, daß die Gewöhnungen an staatliches Eingreifen stärker und darum die Ansprüche an den Staat trotz der häufigen Warnung vor der Wiedererrichtung des alten Polizeistaates um so größer sind; oder endlich in den besonderen politischen Schwierigkeiten, welche in unserem neugegründeten Deutschen Reich daraus entspringen, daß ältere, auf ganz andere Verhältnisse gegründete Anschauungen und Denkweisen verwirrend und störend nachwirken und andererseits feste gesellschaftliche Traditionen und Schranken ebenso fehlen wie die Erbweisheit führender Klassen: jedenfalls sind die sozialen und politischen Gegensätze zu unheimlicher Höhe emporgewachsen und nur zu oft scheint es, als ob der Eine den Andern nicht einmal mehr verstehen kann. In unruhiger Hast werden immer neue Gesetze zur Be=

seitigung wirtschaftlicher Nöte leidenschaftlich gefordert und ebenso leidenschaftlich bekämpft, und mahnend tritt vor die Seele jene berühmte Apostrophe Dantes im 6. Gesang des Purgatorio an sein Florenz, das Gesetz und Ordnung immer ändre und einer Kranken gleiche, die keine Ruhe finde und in Schmerzen sich von einer Seite zur andern wälze[1].

In seiner markigen Weise hat unlängst R. Sohm[2] die großen Gefahren geschildert, welche für die soziale Reformarbeit daraus entspringen, daß die Sozialdemokratie sich in heftigsten Gegensatz zum bestehenden Staat gesetzt hat, daß sie den Klassenkampf zum Zweck der Eroberung der politischen Macht mit allen Mitteln predigt, unter denen leider die Entfachung und Schürung des Klassenhasses vielfach in erster Linie steht, und daß sie alle bürgerliche Reformtätigkeit mit Hohn und Spott überschüttet.

Aber auch die hierdurch immer wieder hervorgerufene Gefahr einer Abwendung der Besitzenden von der sozialen Reform muß und wird überwunden werden; und mag auch immer von neuem wieder mit Erfolg die Parole ausgegeben werden, daß auch in der Gemeinde die zu Stadtverordneten gewählten, durch eine tiefe Kluft von den bürgerlichen Vertretern geschiedenen Sozialdemokraten nur für die Sozialdemokratie, die politische Organisation der Arbeiterklasse zu wirken haben[3], so hege ich doch die zuversichtliche Überzeugung, daß diese einseitige Parteiparole sich auf die Dauer als unhaltbar erweisen und die gemeinsame Arbeit für die Stadt und das Wohl aller ihrer Bewohner zu einem starken,

---

[1] Vedrai te simigliante a quella 'nferma,
    Che non può trovar posa in sù le piume,
    Ma con dar volta suo dolore scherma.
[2] R. Sohm, Die sozialen Aufgaben des modernen Staates, Leipzig, 1898 (Sonderabdruck aus der Cosmopolis von 1897), S. 18—22.
[3] Z. B. Singer als Vorsitzender auf dem ersten Brandenburgischen Vertretertag von 1898, Protokoll S. 46.

einigenden Band werden wird. Gewiß: kluge Versöhnungs=
reden im Sinne des alten Menenius Agrippa werden die
widereinander empörten Glieder des sozialen Körpers nicht
„zur Eintracht, zu herzinnigem Vereine" zurückführen, wohl
aber ist es für mich unzweifelhaft, daß eine ruhige, kon=
sequente, durch Augenblicks=Erfolge oder =Mißerfolge nicht be=
stimmbare, „unbestochene, von Vorurteilen freie" Versöhnungs=
arbeit aller, die guten Willens sind, auf die Dauer nicht
ohne segensreiche Wirkung bleiben kann. Und die soziale
Reformarbeit in der Stadtverwaltung ist jeden=
falls in einem Punkte günstiger gestellt als die in
Reich und Staat: Während auf dem Boden der letzteren
die großen leidenschaftlichen Kämpfe um Besitz und Aus=
übung der weit reichenden staatlichen Machtmittel ausgekämpft
werden müssen, bildet die Gemeindeverwaltung einen
neutralen Friedensbezirk, in dem — wie vielfache Er=
fahrung beweist — alle Parteien auf den staatlich geschaffenen
Grundlagen zu gemeinsamer Arbeit sich zusammenfinden
können.

Natürlich fehlt es auch hier gelegentlich nicht an Fragen
von parteipolitischer Bedeutung: aber sie treten weit zurück
und können — sobald man erst die segensreiche Bedeutung
einer neutralen Verwaltung erkannt hat — leicht so be=
handelt werden, daß sie die Zusammenarbeit auf anderen
Gebieten nicht stören. Ebenso ist natürlich auch in der Stadt=
verwaltung der Versuch immer möglich, Fragen des Maßes
und der Zahl zu prinzipiellen aufzubauschen, jeden Schritt
vorwärts als nicht weitgehend genug, Gehälter und Löhne
als zu niedrig, die Tarife als zu hoch und die Arbeitsstunden
als zu lang zu bekämpfen, und aus dem allen die Unfähig=
keit der bürgerlichen Klassen zu wirklichen Reformen ab=
zuleiten. Allein auf die Dauer kann solche Arbeits= oder
richtiger Kampf=Weise doch da keinen Bestand haben, wo nur

ruhige Erwägung aller Seiten der Sache und aller Einzelheiten zu bleibenden Erfolgen führt.

Frischer Mut und gute Nerven sind freilich auch für diese Kleinarbeit nötig (Beifall, Heiterkeit). Und was könnte es dabei Tröstlicheres geben als einen Rückblick auf die wirklich erstaunlichen Fortschritte, die in der Behandlung der sozialen Fragen tatsächlich bereits gemacht sind?

Während im 18. Jahrhundert die Staatswissenschaften mit den naturrechtlichen Fiktionen von der ursprünglichen Freiheit und Gleichheit aller und von dem den Staat begründenden Gesellschaftsvertrag künstliche Systeme bauten, hat die historische und naturwissenschaftliche Betrachtungsweise das Studium des Tatsächlichen zum anerkannten Führer erhoben und die Erkenntnis der unendlichen Bedingtheit alles Seienden, der gesetzmäßigen Entwicklung und der enggezogenen Grenzen menschlicher Einwirkungen zu einer allgemeinen gemacht. Die Politik ist eine Erfahrungswissenschaft geworden, wenn auch die Sammlung und Bearbeitung der Erfahrungen noch in weit größerem Umfang als bisher durchgeführt werden könnte, und man ist überzeugt, daß zwar ein sicherer Fortschritt nur durch schrittweise gemachte Erfahrungen verbürgt werden kann, daß aber andrerseits auch **alles geschehen muß, was staatlich geschehen kann**, um die wirtschaftliche Entwicklung im allgemeinen Interesse zu beeinflussen und Schäden zu hindern und zu beseitigen. Infolgedessen: welcher **Gegensatz zwischen dem phantastischen gewaltsamen Volksbeglückungstraum Babeufs** und den sozialistischen Gedanken der Fabian society und der kontinentalen Anhänger eines sozialistischen Evolutionismus, welcher Gegensatz ferner zwischen dem **ablehnenden Verhalten von Staat und Gesellschaft** zu der sozialen Bewegung der 40er Jahre, deren Schriften nach Lorenz Stein[1]

---

[1] A. a. O. S. 581.

praktisch angesehen nur den Gedanken enthielten, „daß es die notwendige Aufgabe des Staates und der Gesellschaft sei, mit allen ihren Kräften für das Wohl der niederen in unverschuldeter Bedrückung lebenden Klassen in jeder Weise zu sorgen" und der Gegenwart, wo unzählige Kräfte am Werke sind, um eben die Möglichkeit solcher Fürsorge für die Unbemittelten zu ergründen und das Mögliche zu tun; welcher Gegensatz endlich zwischen der Stellungnahme des alten Marxianers Friedrich Engels in der Wohnungsfrage (1872 und 1887)[1], welcher zu ihrer Beseitigung nur ein Mittel kennt: die Ausbeutung, die Unterdrückung der arbeitenden Klasse durch die herrschenden Klassen überhaupt zu beseitigen und dem Beschluß des sozialdemokratischen Parteitages von 1901, welcher zwar in erster Linie auch den Kampf gegen die Wohnungsnot als einen Kampf um die Macht in Staat und Gemeinde bezeichnet, in seinen praktischen Forderungen an die Gemeinde aber — wie erwähnt — im wesentlichen die von bürgerlichen Theoretikern und Praktikern auf Grund anhaltender, namentlich in den letzten zehn Jahren nicht ausgesetzter Arbeit aufgestellten Forderungen aufgenommen hat, während das Parteiprogramm von 1891 in seinen, alle Lebensgebiete umfassenden Forderungen noch kein Wort über die Wohnungsfrage gefunden hatte!

Und gerade dieser letztgenannte Vorgang scheint mir besonders wichtig und Weg zeigend: alle Freunde sozialer Reform sollen arbeiten, nicht nur in der auf die Dauer unerträglichen Defensive, sondern in frischem fröhlichen Vorwärtsdringen, indem sie einer-

---

[1] Eingehender behandelt in meinem erwähnten Vortrag zu Trier. — In gleichem Sinn verhielten sich bei der Wohnungsnot von 1871/73 in Berlin sozialdemokratische Versammlungen völlig ablehnend gegen ein Eingreifen des gegenwärtigen Staates und der Gemeinde mit Dreiklassenwahl. — Trüdinger, Die Arbeiterwohnungsfrage, 1888, S. 159—162.

seits, kritischer als oft geschieht, bei Betrachtung ausländischer, namentlich englischer Vorbilder, die im Ausland vorhandenen, bei uns fehlenden besonderen Grundlagen, die im Recht, im Volkscharakter und in gesellschaftlichen Zuständen liegenden Traditionen und Schranken und die dadurch gegebenen Grenzen einer Übertragbarkeit fremder Einrichtungen feststellen und andrerseits das unseren besonderen deutschen Verhältnissen Entsprechende mit Eifer und Nachdruck erforschen und anstreben.

So ist es namentlich mit gutem Erfolge beim Wohnungswesen und bei der Regelung der Arbeitsbedingungen der städtischen Arbeiter geschehen, und so sollte es weiter, beim Gebührenwesen, bei der Frage der Unentgeltlichkeit und auf weiten anderen Gebieten geschehen: Selbstbewußt und mit eigner Schöpferkraft sollten auch die bürgerlichen Parteien mehr und mehr dazu kommen, ein eigenes, zugleich auf unsere deutschen Grundlagen und Voraussetzungen und auf den Glauben an die sieghafte Kraft sozialer Reform aufgebautes soziales Gemeindeprogramm herauszubilden und dem sozialistischen entgegenzustellen. Denn nichts ist so gefährlich, als hie und da aus dem letzteren behufs Betätigung versöhnlicher Gesinnung, aber ohne prinzipielle Grundlegung ein Stückchen herauszunehmen. Und deshalb tut ein Doppeltes not: eindringende Spezialarbeit, zugleich aber auch sicherer Ausbau der grundlegenden Gedanken!

Wie groß und umfassend der Anteil der deutschen Stadtverwaltungen an dieser Aufgabe ist, habe ich wenigstens anzudeuten versucht. Und ich fürchte, Sie werden mit mir überzeugt sein, daß die Arbeit hart, der Kampf gegen Widerstände auf allen Seiten schwer und Erfolge nur in langsamer Entwicklung erreichbar sind. Und vermutlich werden Sie deshalb geneigt sein, die jüngst vorgetragene Auffassung eines geistreichen Nationalökonomen, Sombart[1]: die soziale Bewegung sei langweilig geworden in dem Maß, wie sie praktisch wurde, und aus der alten Schule der Utopisten, Revolutionäre und Prinzipienreiter sei die große Partei der Opportunisten und Akkomodisten geworden — für eine optimistische Übertreibung zu halten. Allein ich hoffe andrerseits auch nicht unterlassen zu haben, auf die in der Tat nicht fehlenden guten Anzeichen hinzuweisen, an denen wir uns freuen und stärken können. Und wenn es auch manchmal scheint, als ob das dogmatische Bedürfnis um so stürmischer auf politischem Gebiete nach Befriedigung verlangt, je mehr in weiten Kreisen das religiöse zurücktritt, und wenn infolgedessen der Glaube an Parteidogmen sich oft als größtes Hindernis der Verständigung und des Fortschrittes entgegenstellt, so wollen wir doch auch in dieser Beziehung getrost sein: die Macht der Entwicklung der Dinge und der Gedanken muß auch diese Fessel sprengen.

Lassen Sie uns daher alle, jeder an seiner Stelle, erfüllt von idealer Begeisterung für die Größe unserer Aufgabe, getragen von dem Glauben an die Zukunft unseres Volkes, an dessen staatliche Zusammenfassung vor nun einem Menschenalter nach gewaltigem Ringen grade der heutige Tag gemahnt[2], unbeirrt durch Vorurteile, Schlagworte und Parteidogmen auf unsere Fahne die Worte schreiben, in welche man jüngst die Gedanken und Mahnungen von Thomas Carlyle, jenem großen Apostel sozialer Arbeit in dunklen Zeiten anscheinend hoffnungslosen Elends zusammengefaßt hat: Arbeiten und nicht verzweifeln!

(Lebhafter, lang anhaltender Beifall.)

---

[1] W. Sombart, Die deutsche Volkswirtschaft im 19. Jahrhundert. 1903, S. 512 ff., 528, 529, 549.

[2] Der Vortrag wurde am 2. September gehalten.

Anhang.

1. Le programme de Lyon.
(Oben S. 18. 19.)

Art. 1. — Institution de cantines scolaires où les enfants trouveront à prix réduit ou gratuitement un repas de viande entre la classe du matin et la classe du soir; et, deux fois par an, à l'entrée de l'hiver et de l'été, distributions de chaussures et de vêtements.

Art. 2. — Introduction dans les cahiers des charges pour les travaux de la ville de clauses réduisant à huit heures la journée de travail, garantissant un minimum de salaire déterminé par le conseil d'accord avec les corporations, et interdisant le marchandage, aboli par un décret-loi de 1848. Organisation d'un service d'inspection chargé de veiller à l'exécution de ces clauses.

Art. 3. — Bourse du travail confiée à l'administration des syndicats ouvriers et des groupes corporatifs.

Art. 4. — Suppression des taxes d'octroi sur les denrées alimentaires.

Art. 5. — Exemption pour les petits loyers de toute cote personnelle et mobilière, reportée sur les loyers d'un taux supérieur progressivement imposés. Assainissement et réparation, aux frais des propriétaires, des logements reconnus insalubres. Imposition des terrains non bâtis proportionnellement à leur valeur vénale et des locaux non loués proportionnellement à leur valeur locative.

Art. 6. — Placement par les municipalités et les bourses du travail ou les syndicats et retrait des autorisations aux placeurs.

Art. 7. — Création de maternités et d'asiles pour les vieillards et les invalides du travail. Asile de nuit et distribution de vivres pour les passagers et les ouvriers à la recherche de travail sans résidence fixe.

Art. 8. — Organisation d'un service gratuit de médecine et d'un service de pharmacie à prix réduits.

Art. 9. — Etablissement de bains et de lavoirs publics gratuits.

Art. 10. — Création de sanatoria pour l'enfance ouvrière et envoi dans les sanatoria existants, aux frais de la commune.

Art. 11. — Services de consultations judiciaires gratuites pour les litiges intéressant les ouvriers.

Art. 12. — Rétribution des fonctions municipales au taux minimum des salaires ouvriers, à l'effet de ne pas exclure de l'administration de la commune une classe entière de citoyens, la plus nombreuse, celle qui n'a que son travail pour vivre.

Art. 13. — En attendant que soit remaniée dans un sens conforme aux intérêts du travail la juridiction de la prud'homie, rétribution des prud'hommes ouvriers à un taux qui leur assure l'indépendance absolue vis-à-vis du patronat.

Art. 14. — Publication d'un bulletin municipal officiel et affichage des décisions prises par le conseil.

2. Programme de l'Union fédérative du centre
commenté par le citoyen J. Allemane.
(Oben S. 19.)

Partie économique:

Art. 12. — Cessation des aliénations des biens communaux; retour à la collectivité de ceux à provenir des expropriations futures.

Art. 13. — Transformation en services publics communaux ou départementaux, des monopoles des grandes compagnies (omnibus, tramways, bateaux, eaux, gaz etc.), tous ces services devant fonctionner désormais, sinon gratuitement, au moins à prix de revient.

Art. 14. — Etablissement d'industries municipales, création de greniers, minoteries, boulangeries, boucheries, pharmacies et services de santé; ouverture de bazars, construction de maisons salubres, le tout à titre municipal, pour combattre les spéculateurs au profit des traivalleurs.

Interdiction de tout paiement pour loyers d'avance. Impôt de 20 % sur les locaux non loués et sur les terrains non bâtis.

Art. 15. — Education et instruction intégrales de tous les enfants, mis, pour leur entretien, à la charge de la société.

Art. 16. — Généralisation du service de statistique communale.

Art 17. — Organisation, par la société de son assistance, et des différents services de la sécurité publique. Mise à la charge de la société des vieillards et des invalides du travail.

Art. 18. — Suppression des bureaux de placement et généralisation des Bourses du travail.

Art. 19. — Suppression des octrois et de toute taxe de consommation, et leur remplacement par un impôt fortement progressif sur tous les revenus dépassant 3000 francs et sur tous les héritages au-dessus de 20 000 francs.

Intervention obligatoire de la commune dans les questions de travail:

1. Par des mesures tendant à ce que le travail des prisons ne fasse plus concurrence au travail libre.

2. Par des subsides accordés en cas de grèves aux chambres syndicales ouvrières.

3. Par des règlements visant la sécurité publique et interdisant dans la commune l'exécution de tous les travaux entrepris au-dessous des tarifs fixés par les Chambres syndicales ouvrières.

3. Programme des Indépendants (B. Malon).
(Oben S. 19. 20.)

Distribution et organisation des services dans la commune cantonalisée, c'est à dire comprenant au minimum une agglomération de 5000 habitants.

1. Domaine communal. Reconstitution et agrandissement du domaine communal (terres, maisons, établissements divers etc.), premier pas vers la propriété communale et dans le but de permettre à la municipalité d'activer la vie économique et de se créer des ressources en recourant le moins possible à l'impôt.

2. Travaux publics. Construction et entretien des divers édifices d'utilité publique, construction de maisons modèles répondant aux nécessités de bon marché et d'hygiène et communalisation progressive du service des logements; construction et

entretien des rues, chemins et toutes voies quelconques, usines et ateliers de construction pour le matériel des services qui seront communalisés (éclairage, omnibus, tramways, petites voitures et pour la navigation fluviale) et établissement de chantiers et ateliers municipaux de réserve, devant surtout fonctionner en temps de chômage au bénéfice des travailleurs établis depuis plus d'un an dans la commune.

3. Crédit communal. Banque communale ou correspondante de la banque nationale, Fonctionnement à déterminer.

4. Alimentation. Commerce. Approvisionnement de blé devant être cédé à prix rationnel, minoteries, boulangeries et meuneries municipales destinées surtout à l'approvisionnement des établissements sociaux ou communaux, hôpitaux, asiles, écoles etc., mais pouvant aussi vendre au public à un prix suffisant pour laisser un petit excédant, tous les frais étant couverts.

Etablissement de magasins généraux à systeme de warrantage pouvant faire des avances au producteur jusqu'à concurrence de 60 % de la valeur fixée à dire d'experts de la marchandise warrantée, mais ayant surtout pour but la mise en vente, moyennant un droit de dépôt et de débit très modéré à prix équitable et rémunérateur, des marchandises confiées.

Le commerce privé pour soutenir la concurrence devrait se renfermer dans la limite des bénéfices raisonnables et contraindre les propriétaires à se départir de leurs exigences spoliatrices dans le prix des loyers; du même ordre d'idées relève le service réorganisé des halles, marchés et foires régionales.

5. Assistance publique. — Réglée avec le concours de l'Etat, de façon que le secours social suffisant ne manque à aucun malade, à aucun infirme, à aucun vieillard et que l'existence de tous les incapables de travail soit assuré, dans la mesure des ressources communes, ce qui ne saurait manquer, étant donné le fonctionnement supposé de l'assurance sociale. Amélioration du service hospitalier. Adoption de tous les enfants abandonnés ou confiés et fondation de nourriceries et établissements spéciaux dans ce but. Réfectoire de secours, asile de nuit pour les cas très rarefiés de déûment temporaire absolu.

6. Enseignement public. — Instruction générale à tous les enfants avec bifurcation pour les spécialités professionnelles jusqu'au degré d'instruction dépendant de la région ou de l'Etat.

Repas scolaires, fournitures gratuites, bataillons scolaires ouverts à tous. Création d'écoles d'apprentissage faisant suite à l'ecole-ateliers et placés sous le contrôle et la délégation générale des corporations.

7. Hygiène, salubrité, protection. — Organisation d'un grand service médical et pharmaceutique gratuit pour les indigents, à tarifs modérés pour l'ensemble des ressortissants. Etablissement de postes de secours en quantité suffisante pour premiers soins à donner aux victimes d'accidents ou de maux subits. Inspection sévère des ateliers et des logements, mesures pour assurer la salubrité publique, établissement des laboratoires municipaux pour l'analyse des denrées alimentaires, sanction contre les falsificateurs. Ce service comprendrais en outre les abattoirs, l'approvisionnement des eaux, le balayage des rues, les lavoirs publics gratuits, les bains publics (presque gratuits), les travaux d'assainissement et d'embellissement, le service des sépultures et crémation.

8. Sécurité publique. — Police municipale et compagnie de secours contre l'incendie, les inondations, etc. . . .

9. Etat-civil et tout ce qui en dérive, cadastre, notariat communal, etc. . . .

10. Arbitrage communal. — Arbitres élus au suffrage universel pour connaître de tous les différends civils et commerciaux ainsi que de tous les faits ressortissant actuellement du tribunal de police. Cette justice serait entièrement gratuite. Dans ce même service rentrent les conseils de prud'hommes et les tribunaux commerciaux réorganisés.

11. Statistique. — Bureau chargé de la statistique générale de la commune, production, consommation, échange, développement de la fortune, santé publique, naissances, mariages, décès, etc. . . .

Bourses du travail et bourses du commerce avec affichage des renseignements généraux sur l'offre et la demande du travail ou des produits dans la commune et hors la commune.

12. Arts, métiers et divertissements. — Expositions industrielles et artistiques permanentes, théâtres et concerts communaux, les premiers presque gratuits, les seconds gratuits, musées scientifiques et artistiques, jardins botaniques et zoologiques, conférences publiques (science, art, philosophie, morale, histoire, littérature etc.). Formation de cercles ou sociétés philosophiques,

littéraires, artistiques, encouragés notamment par les concours régionaux, nationaux et internationaux.

Commune, commune! s'écrièrent les bourgeois à partir du XII. siècle, et ils s'affranchirent. Commune sociale! répètent les prolétaires modernes, et eux aussi vaincront par ce signe.

4. Programme du parti ouvrier belge.
(Oben S. 22.)
§ 3. Programme Communal.

1. Réformes de l'enseignement.
   a. Instruction scientifique et gratuite des enfants jusqu'à 14 ans. Cours spéciaux pour les adolescents et les adultes;
   b. Organisation de l'enseignement professionnel et industriel avec le concours de groupes ouvriers;
   c. Entretien des enfants, sauf intervention des pouvoirs publics;
   d. Institution de cantines scolaires. — Distribution périodiques de chaussures et de vêtements;
   e. Orphelinat. — Etablissement pour les enfants abandonnés et enfants martyrs.
2. Réformes judiciares.

Bureau de consultation gratuite pour les contestations devant les tribunaux, conseils de prud'hommes etc. etc.

3. Réglementation du travail.
   a. Minimum de salaire et fixation de la journée maxima de travail à inscrire dans les cahiers des charges des adjudications publiques pour les travaux de la commune;
   b. Intervention des associations de métiers pour la fixation du taux des salaires, la réglementation générale de l'industrie. L'échevin des travaux publics est chargé de surveiller l'exécution de ces clauses des cahier de charges;
   c. Nomination, par les associations ouvrières, d'inspecteurs pour la surveillance des clauses du cahier des charges;
   d. Application rigoureuse du principe de l' adjudication pour tous les services qui, transitoirement, ne sont pas établis en régie;
   e. Admission des syndicats aux adjudications et suppression du cautionnement;

f) Création de Bourses du travail, ou tout au moins, de bureaux d'offre et demande d'emplois, dont l'administration sera confiée aux syndicats professionnels ou à des groupements ouvriers;

g. Fixation d'un minimum de salaire pour les ouvriers et employés communaux.

4. Bienfaisance publique.

a. Admission des ouvriers à l'administration des Conseils des hospices et de la Bienfaisance publique;

b. Transformation de la Bienfaisance publique et des hospices en assurance contre la vieillesse. Organisation d'un service médical et pharmaceutique. Création de bains et lavoirs publics et gratuits;

c. Création d'asiles pour les vieillards et les invalides du travail. Asile de nuit et de distribution de vivres aux ouvriers de passage qui cherchent du travail.

5. Neutralité complète, au point de vue philosophique, de tous les services communaux.

6. Finances.

a. Réalisation d'économies sur les frais actuels d'administration. Maximum de 6000 francs, pour traitement des bourgmestres et autres fonctionnaires. Frais de représentation pour les bourgmestres astreints à certaines dépenses particulières;

b. Impôt sur le revenu;

c. Impositon spéciale sur les terrains non bâtis et sur les maisons non louées.

7. Services publics.

a. Exploitation, par la commune ou par une fédération de communes d'une même agglomération, des moyens de transport: tramways, omnibus, voitures, chemins de fer vicinaux, etc.

b. Exploitation directe, par la commune ou par une fédération de communes, des services d'intérêt général actuellement concédés à des compagnies: éclairage, eau, halles et marchés, voirie, chauffage, sécurité, hygiène;

c. Assurance obligatoire des habitants contre l'incendie, sauf intervention de l'Etat;

d. Construction par la Commune, les Hospices et les Bureaux de bienfaisance, d'habitations à bon marché.

5. Der Lindemannsche Entwurf.
(Oben S. 23. 24.)

1. Die Stellung der Gemeinde im heutigen Staate ist eine doppelte: Sie ist ein lokaler Verwaltungskörper, der den wirtschaftlichen und gesellschaftlichen Bedürfnissen einer an eine begrenzte Lokalität gebundenen Bevölkerung dient, und sie ist ein Hülfsorgan staatlicher Verwaltungs- und Herrschaftstätigkeit. In beiden Eigenschaften unterliegt sie der aus der Klassenorganisation unseres Staats- und Gesellschaftslebens sich ergebenden Tendenz, die Verwaltungstätigkeit nach den Interessen der herrschenden Klasse zu gestalten.

2. Gemäß ihrer Grundanschauung, daß nur durch die Aufhebung der Klassenherrschaft die Bahn für eine rationelle, allen Gliedern des Staatswesens dienende Verwaltungstätigkeit frei gemacht werden kann, verlangt daher die Sozialdemokratie:

Neugestaltung des gesamten Kommunalverwaltungswesens nach dem Grundsatze, daß alle Lokalverwaltung zugleich Staatsverwaltung ist und als solche nur dem Gesetze und dem Gerichte unterworfen sein darf, durch

    a. Bildung der Gemeindevertretung durch allgemeine, gleiche, direkte und geheime Wahlen; Durchführung des Prinzipes der Einwohnergemeinde; Aufhebung aller Besitzprivilegien,

    b. Beschränkung des staatlichen Aufsichtsrechts auf das Recht der Kenntnisnahme der kommunalen Verwaltungstätigkeit; Aufhebung der administrativen Befehlsgewalt der Staatsbehörden gegenüber den Lokalverwaltungskörpern,

    c. Staatliche Regelung des Kommunalsteuerwesens. Aufhebung aller kommunalen Abgaben auf Lebensmittel. Deckung des kommunalen Bedarfes durch Zuschüsse des Staates für die Aufgaben der Volkshygiene, des Schulwesens und der Armenpflege, durch Zuschläge zu den staatlichen Einkommen-, Vermögens- und Erbschaftssteuern, sowie durch besondere kommunale Grund- und Gebäudesteuern, die vor allem die Wertsteigerung des Grund und Bodens erfassen.

3. Hauptgebiete der kommunalen Tätigkeit sind: Volkshygiene, Städtebau und Wohnungswesen, Sozialpolitik und Armenpflege, Volks-Bildung und -Unterhaltung, Wirtschaftspflege.

Für ihre Verwaltung sind folgende Grundsätze aufzustellen:

a. Die Einrichtung und der Betrieb der für die Erfüllung ihrer Aufgaben notwendigen Institute soll in eigener Regie der Gemeinden erfolgen.

b. Die Gebührenfestsetzung für die Benutzung kommunaler Anstalten soll, soweit Gebühren zur Erhebung kommen, nach dem Grundsatz der Kostendeckung des Betriebes erfolgen.

4. Im einzelnen sind folgende Forderungen zu stellen:

A. Öffentliche Gesundheitspflege.

1. Erhaltung und Pflege der Volksgesundheit. Kommunaler Betrieb der Kanalisation, Fäkalienabfuhr, Straßenreinigung, Haus- und Kehrichtabfuhr, öffentliche Bedürfnisanstalten und Abdeckereien.

Fürsorge für Ernährung durch die Kontrolle und Regelung des Nahrungsmittelverkehrs: Markthallen, Märkte, Vieh- und Schlachthöfe, Untersuchungsanstalten; sowie durch die Übernahme der Produktion und des Verkehrs: Milchversorgung, Brotbäckerei, Schlächterei, Brauerei und Schankgewerbe.

Förderung der Körperpflege durch die Einrichtung öffentlicher Bäder, Spiel- und Turnplätze, Parks ꝛc.

2. Bekämpfung der Krankheiten durch den Bau von Krankenhäusern, Heimstätten für Lungenkranke, Irrenanstalten, Rekonvaleszentenanstalten, Anstalten für Wöchnerinnen- und Säuglingspflege, Desinfektionsanstalten, Unfallstationen, Gemeindeapotheken u. s. w.

3. Übernahme des Bestattungswesens in den Gemeindebetrieb, obligatorische Einrichtung und Benutzung der Leichenhäuser, unentgeltliche und gleiche Bestattung aller Gemeindeangehörigen.

B. Städtebau und Wohnungswesen.

1. Förderung einer gesunden Bodenpolitik durch den Erwerb von Grund und Boden seitens der Gemeinden, durch die Umgestaltung und Ausbildung der Bebauungspläne und Bauordnungen, welche die Beschränkung der Bodenausnutzung, die Bekämpfung der Mietskasernen und die Förderung des Kleinbaues anstreben und durch den Ausbau und Betrieb kommunaler Straßenbahnnetze.

2. Errichtung von Wohnungsämtern mit den Aufgaben der Wohnungsinspektion, der Wohnungsstatistik und des Wohnungsnachweises.

3. Bau von Wohnungen und Verwertung derselben zu Mietspreisen, durch welche nur die Herstellungs- und Erhaltungskosten, sowie die Amortisation des Anlagekapitals gedeckt werden.

C. Volksbildung.

1. Einheitsschule. Unentgeltlichkeit des Unterrichts und der Lehrmittel; Bau, Ausstattung und Unterhaltung der Schulhäuser, Festsetzung der Klassenfrequenz, der Unterrichtszeit, der Schüler und Lehrer ausschließlich nach den Grundsätzen der Schulhygiene und Pädagogik; Einrichtung von Hülfsklassen für Minderbegabte; Überwachung des Gesundheitszustandes der Schüler durch Schulärzte, Verpflegung der Schulkinder. Öffnung der höheren Schulen für die befähigten Kinder des Proletariats.

2. Einrichtung und Betrieb von Volksbibliotheken und Lesehallen, sowie von Instituten für Volksunterhaltung (Volkshäuser, Volkstheater und Musikhallen).

D. Wirtschaftspflege.

Kommunale Regie von Wasserwerken, Licht-, Kraft- und Wärmezentralen, von Straßenbahnen, Dampfschiffen, Hafenanlagen, Lagerhäusern u. s. w., sowie von Publikationseinrichtungen (Plakatsäulen, Annoncenblättern u. s. w.).

E. Sozialpolitik.

1. Allgemeine Sozialpolitik. Ausbau des Arbeiterschutzes; Errichtung von Arbeitsämtern als Zentralstellen kommunaler Arbeiterpolitik mit den Aufgaben der Arbeiterstatistik, des Arbeitsnachweises, der Arbeitslosenfürsorge, der Auskunftserteilung und der Überwachung der sozialpolitischen Gebarung der Gemeindeverwaltung; Regelung des Submissionswesens durch Einführung der sogenannten Lohnklausel bezw. Arbeits- und Lieferungsverträgen der Gemeinden, sowie der von ihnen konzessionierten Privatunternehmungen; Ablehnung der Streikklausel; Verbot der Übertragung von Gemeindearbeiten und -Lieferungen an Gemeindevertreter, sowie deren Beteiligung an gewerblichen Unternehmungen, die im Vertragsverhältnis zur Gemeinde stehen.

2. **Spezielle Sozialpolitik.** Einsetzung von Arbeiterausschüssen zur Vertretung der Interessen der Gemeindearbeiter; Feststellung der Arbeitsordnungen und Arbeitsbedingungen unter Heranziehung der Arbeiterausschüsse und der gewerkschaftlichen Organisation der Gemeindearbeiter; Festsetzung der Löhne nach Gewerkschaftssätzen; Lohnskala nach Dienstzeitdauer; 8=Stunden=Tag; Ferienurlaub mit Fortdauer der Lohnzahlung; Gründung von Pensions=, Witwen= und Waisenkassen, an die klagbare Rechte gegeben werden, sowie Ausdehnung der Kranken=, Unfall=, Alters= und Invaliditäts= versicherung auf alle Gemeindearbeiter und Angestellten.

F. Armenpflege.

Weltlichkeit der Armenpflege; weitgehendste Heranziehung ehrenamtlicher Elemente, insbesondere der Frauen; offene Armen= pflege mit ausreichenden Unterstützungssätzen; geschlossene Armen= pflege in Versorgungshäusern für die körperlich hülfsbedürftigen Armen; Errichtung von Obdachasylen und Wärmehallen ohne polizeiliche Kontrolle; Waisen= und Haltekinderpflege nach hygienischen und pädagogischen Grundsätzen.

6. Das Brandenburgische Programm.
(Oben S. 24.)

Entsprechend dem Programm der sozialdemokratischen Partei Deutschlands werden für die Wahlen zu den Gemeindevertretungen folgende Forderungen aufgestellt:

1. Für die Wahlen zu den Gemeindevertretungen ist das all= gemeine, gleiche, geheime, direkte Wahlrecht einzuführen. Das Wahlrecht darf durch den Empfang irgend welcher Unterstützung aus Gemeindemitteln nicht aufgehoben oder beschränkt werden. Die Wahlen haben des Sonntags stattzufinden.

2. Auf dem Gebiete des Schulwesens fordern wir: Weltlich= keit der Schulen. Obligatorischen Besuch der Volksschulen. Un= entgeltlichkeit des Unterrichts und der Lehrmittel in den Volks= schulen, sowie in den höheren Bildungsanstalten für diejenigen Schüler der Volksschulen, die kraft ihrer Fähigkeiten zur weiteren Ausbildung geeignet erachtet werden. Errichtung von Schulkantinen zur Verpflegung der Schulkinder. Schulärzte zur regelmäßigen Prüfung und ärztlichen Beaufsichtigung der Schüler, der Schulen

und Schuleinrichtungen. Schaffung einer Klassenfrequenz, die einen gedeihlichen Unterricht ermöglicht. Besondere Schulklassen für minder Befähigte. Verbot jeder Erwerbstätigkeit schulpflichtiger Kinder. Obligatorischen Fortbildungsunterricht für beide Geschlechter bis zum 18. Lebensjahre. Erteilung des Fortbildungsunterrichts an Wochentagen während der Arbeitszeit. — Errichtung und Ausbildung von Volksbibliotheken und Lesehallen.

3. Einrichtung und Unterhaltung einer geregelten Kranken- und Gesundheitspflege unter Beachtung aller vorbeugenden Mittel (z. B. öffentliche Badeanstalten, Schulbäder, durch ansteckende Krankheiten notwendig werdende unentgeltliche Desinfektion, Spielplätze, Unterstützung des freiwilligen Turnwesens, Schaffung von Berufsfeuerwehren, Wohnungs- und Straßenhygiene u. s. w.).

4. Armen- und Waisenpflege mit ausreichenden Unterstützungssätzen. Errichtung von Asylen und Wärmehallen ohne polizeiliche Kontrolle.

5. Die Gemeindesteuern sind auf direkte Steuern zu beschränken. Ausschluß jeder indirekten, Verbrauchs- oder Kopfsteuer.

6. Beleuchtungs-, Verkehrs-, Krafterzeugungs-, sowie sonstige, für die Gemeinde notwendigen Betriebe sind der Privatausbeutung zu entziehen und auf eigene Rechnung der Gemeinden zu errichten und zu betreiben, auch sind andere Gemeindearbeiten (Bau, Pflaster u. s. w.), so weit angängig, in Gemeinde-Regie auszuführen.

7. Revision des Submissionswesens, Vergebung der Gemeindearbeiten und -Lieferungen nur unter vertragsmäßiger Verpflichtung der Unternehmer, die Lohn- und Arbeitsbedingungen der von ihnen mit Gemeindearbeiten beschäftigten Arbeiter in Gemeinschaft mit den Fachorganisationen der Arbeiter festzusetzen.

An Mitglieder der Gemeindevertretung dürfen keine Arbeiten oder Lieferungen für die Gemeinde übertragen werden. Ebenso dürfen dieselben in keiner Weise an gewerblichen Unternehmungen beteiligt sein, die in einem Vertrags- oder Lieferungsverhältnis zur Gemeinde stehen.

8. Für die im Gemeindeauftrag beschäftigten Arbeiter und Beamten ist ausreichende Bezahlung, sowie eine Arbeitszeit von nicht länger als 8 Stunden täglich herbeizuführen; desgleichen sind Pensions-, sowie Witwen- und Waisenunterstützungskassen

für die Arbeiter zu errichten und die Kranken-, Unfall-, Alters- und Invaliditätsversicherung für sämtliche in Gemeindebetrieben beschäftigten Arbeiter in Anwendung zu bringen. Das Koalitionsrecht der Arbeiter ist sicher zu stellen und darf in keiner Weise eingeschränkt werden. In allen Gemeindebetrieben sind Arbeiterausschüsse zu errichten.

9. Übernahme der Markt-, Bau-, Wohnungs-, Verkehrs-, Gesundheits- und Sicherheitspolizei in die Gemeindeverwaltung.

10. Errichtung von Gewerbegerichten. Ausdehnung der Krankenversicherung auf die Hausindustrie.

11. Unentgeltlichkeit des Bestattungswesens.

7. Das Schleswig-Holsteinische Programm.
(Oben S. 24.)

In Rücksicht auf die stetig wachsenden großen sozialen Aufgaben des Gemeinwesens ist es Pflicht der arbeitenden Klassen, alles aufzubieten, maßgebenden Einfluß auch in den Gemeindevertretungen zu gewinnen, die Selbständigkeit derselben anzustreben, sowie ihre ökonomische und politische Lebensfähigkeit zu erhöhen.

Ausgehend von dieser Erwägung, fordern wir für die Gemeinde und hat die Gemeindeverwaltung zu erstreben:

A. Vom Staate bezw. vom Reiche:

1. Anerkennung und Regelung der vollen Selbstverwaltung der Gemeinde auf Grundlage des allgemeinen, gleichen, direkten und geheimen Wahlrechts, mit der Maßgabe, daß die Wahlen an einem gesetzlichen Ruhetage stattzufinden haben.

Das Wahlrecht hat sich zu erstrecken auf alle mündigen Personen, ohne Unterschied des Geschlechts, des Standes und der Steuerleistung, sofern sie mindestens seit drei Monaten vor dem Stattfinden der Wahl in der Gemeinde ihren Wohnsitz haben. Durch den Empfang irgend welcher Unterstützung aus öffentlichen Mitteln darf das Wahlrecht weder beschränkt noch aufgehoben werden.

Aufhebung des staatlichen Bestätigungsrechts gegenüber den von der Gemeinde gewählten Beamten.

Anerkennung und Regelung der Haftpflicht der Gemeinde für Schädigungen, die der Gemeinde oder Privatpersonen durch ihre Beamten zugefügt werden.

Aufhebung der getrennten Kollegien.

Gewährung von Diäten für die Gemeinderatsmitglieder, Straflosigkeit für Äußerungen derselben in Ausübung ihres Amtes.

Öffentlichkeit der Verhandlungen der Gemeindevertretung, soweit nicht in besonderen Fällen Rücksichten auf wichtige Gemeindeinteressen den Ausschluß der Öffentlichkeit erfordern.

Die Mandatsdauer ist eine zweijährige.

2. Weltlichkeit der Schule und völlige Trennung derselben von der Kirche.

Einheitlichkeit der Schule als Volksschule, obligatorischer Besuch derselben, mit der Maßgabe, daß Schüler und Schülerinnen nach ihrer Befähigung in höhere Schulen aufrücken. Unentgeltlichkeit des Unterrichts uud der Lehrmittel. Übernahme der Schullasten auf den Staat und Übertragung der gesetzlich zu regelnden Verwaltung auf die Gemeinde.

Obligatorischer dreijähriger Fortbildungsunterricht für beide Geschlechter. Erteilung des Fortbildungsunterrichts an Wochentagen während der Arbeitszeit.

Gesetzliches Verbot jeder Erwerbstätigkeit schulpflichtiger Kinder.

3. Selbsteinschätzungspflicht für alle Steuerpflichtigen.

4. Abschaffung aller Aufwendungen aus Mitteln der Gemeinde für kirchliche und religiöse Zwecke. Die kirchlichen und religiösen Gemeinschaften sind zu privaten Vereinigungen zu erklären, die ihre Angelegenheiten selbständig ordnen.

5. Staatliche Regelung des Armenwesens unter Übernahme der Verantwortlichkeit und der Lasten auf den Staat. Entlastung und Beschränkung der kommunalen Armenpflege durch eine reichsgesetzliche allgemeine Witwen- und Waisenversicherung.

Bau und Unterhaltung der großen Verkehrs- und Durchgangsstraßen, sowie der Regulierung der Wasserläufe durch den Staat bezw. durch das Reich.

6. Einheitliche Überweisung der Markt-, Bau-, Wohnungs-, Gesundheits- und Sicherheitspolizei auf die Gemeindeverwaltung.

7. Erweiterung des Expropriationsrechts (Enteignungsrechtes) speziell in Rücksicht auf die den Gemeinden reichsgesetzlich aufzuerlegende Pflicht der Wohnungsfürsorge. Erlaß eines Reichswohnungsgesetzes (enthaltend u. a. Normativbestimmungen für Bauordnungen, Wohnungsinspektion, Kreditwesen, Enteignungsrecht).

Errichtung eines Reichswohnungsamts (Überwachung und Erforschung des gesamten Wohnungswesens, Zentralbehörde für Wohnungsinspektion und Wohnungsstatistik).

Reform des Mietsrechts, des Mietsprozesses, der Zwangsvollstreckung.

B. Von der Gemeinde.

1. Bis zur gesetzlichen Einführung des allgemeinen, gleichen und geheimen Wahlrechts möglichste Herabsetzung des Zensus.

2. Die Gemeindesteuern sind auf direkte Steuern mit steigender Belastung der leistungsfähigen Steuerzahler zu beschränken. Ausschluß von indirekten Abgaben jeder Art.

3. Reform des Volksschulwesens:
  a. Festsetzung der Schülerzahl in den einzelnen Klassen auf eine mäßige Höhe, die einen gedeihlichen Unterricht ermöglicht.
  b. Errichtung besonderer Schulklassen für Minderbefähigte.
  c. Errichtung von Selektaklassen.
  d. Errichtung von Schulkantinen zur Verpflegung der Schulkinder.
  e. Anstellung von Schulärzten zur regelmäßigen Untersuchung und Beaufsichtigung der Schüler, Schulen, Schuleinrichtungen.
  f. Errichtung von Schulbädern.
  g. Einführung des Handfertigkeitsunterrichts für Knaben und Mädchen unter Aufsicht von hierzu vorgebildeten Lehrkräften.
  h. Errichtung und Ausbildung von unentgeltlich zur Benutzung stehenden Volksbibliotheken und Lesehallen.

4. Regelung der Kranken- und öffentlichen Gesundheitspflege mit eventueller Unterstützung aus Staatsmitteln. Übernahme und Betrieb der Apotheken durch die Gemeinde unter Ausschluß fiskalischer Profitinteressen.

Unentgeltliche ärztliche Hülfeleistung und Heilmittel.

Errichtung ausreichender und guter Heilanstalten, Pflege- und Versorgungsanstalten für Sieche und dauernd Bedürftige, Kinderbewahranstalten, sowie Asyle für Obdachlose.

Errichtung von Volksbädern, Volkshäusern, öffentlichen Erholungsstätten usw.

5. Errichtung von Anstalten zur Lebensmitteluntersuchung und regelmäßige Kontrolle der zum Verkauf gestellten Lebensmittel.

6. Übernahme der Friedhöfe in die Verwaltung der politischen Gemeinde, unentgeltliche Totenbestattung, möglichst obligatorische Feuerbestattung.

7. Humanitäre Ausgestaltung der Armen= und Waisenpflege. Gewährung von ausreichenden Unterstützungssätzen, unter Aufgabe der im geltenden Recht begründeten Praxis, unbemittelte Anverwandte der Unterstützten zum Ersatz der aufgewandten Unterstützungen heranzuziehen.

8. Gemeinderegie für Verkehr, Wasserversorgung, Straßenbeleuchtung usw., sowie nach Bedürfnis auch für die Versorgung der Gemeindemitglieder mit Lebensmitteln und sonstigen notwendigen Produkten zum Selbstkostenpreis.

Möglichste Ausführung aller Gemeindearbeiten, einschl. der Bauten, in Gemeinderegie, mindestens Regelung des Submissionswesens in der Richtung, daß die Vergebung der Gemeindearbeiten und Lieferungen für die Gemeinde nur unter der vertragsmäßigen Verpflichtung der Unternehmer erfolgt, daß sie für die Gesamtheit der von ihnen beschäftigten Arbeiter die zwischen den Gewerkschaftsorganisationen der Arbeiter und Unternehmer vereinbarten Lohn- und Arbeitsbedingungen einhalten.

Ablehnung der von den Unternehmern verlangten Aufnahme einer Streikklausel in die Werk= und Lieferungsverträge.

9. Für die im Gemeindeauftrag beschäftigten Arbeiter und Beamten ist ausreichende Bezahlung, sowie eine Arbeitszeit von nicht länger als acht Stunden täglich und in jeder Woche einmal eine Ruhezeit von mindestens 36 Stunden einzuführen.

Auch ist diesen Arbeitern und Beamten ein jährlicher Erholungsurlaub bei Fortbezug des Gehaltes oder Lohnes zu gewähren.

Desgleichen sind, solange eine diesbezügliche landes= oder reichsgesetzliche Regelung nicht besteht, Pensions=, sowie Witwen= und Waisenunterstützungskassen für die Beamten und Arbeiter zu errichten. Das Koalitionsrecht der Arbeiter und Beamten darf in keiner Weise eingeschränkt werden.

Für die Gemeindebetriebe sind Arbeiterausschüsse durch direkte und geheime Wahl der Arbeiter zu errichten.

10. Inangriffnahme nützlicher kommunaler Arbeiten bei Arbeitslosigkeit. Errichtung von Gewerbegerichten und Schaffung paritätischer Arbeitsnachweise unter Mitwirkung der Gewerkschaften,

solange diese Institutionen nicht ihre ausreichende reichsgesetzliche Regelung erfahren haben.

11. Regelmäßige statistische Aufnahmen der Arbeits-, Wohnungs- und Ernährungsverhältnisse durch eine aus Vertretern der Gemeinde, Ärzten und Delegierten der selbständigen Gewerbetreibenden und Arbeiter resp. gewerkschaftlichen Vereinigungen zusammengesetzte Kommission.

12. Gemeinnützige Wohnungspolitik bis zur reichsgesetzlichen Regelung der Bau- und Wohnungsfrage, Errichtung eines kommunalen Wohnungsamts behufs regelmäßiger Wohnungsinspektion und einer Begutachtung gemeindlicher Maßnahmen, Untersuchung der Bautätigkeit, der Preisbewegung des Baulands und des Wohnungsmarkts, sowie Organisation der Wohnungsvermittelung. Einführung kommunaler Bauordnungen in der Richtung einer energischen Bekämpfung der Mietskasernen (Zonenbausystem). Erbauung von Wohnhäusern mit gesunden Wohnungen auf kommunalem Baugrund in eigener Regie der Gemeinde. Vermietung dieser Wohnungen mit der Maßgabe, daß Überschüsse zu Gunsten des Gemeindefiskus vermieden werden.

Verhinderung der Bauspekulation und des Wohnungswuchers durch vollständige Einstellung des Verkaufs von Bauland an Private. Systematische Erwerbung von Grund und Boden zu dem Zwecke der Errichtung von Wohnhäusern, resp. zur Verpachtung an gemeinnützige Baugesellschaften, sowie zwecks Schaffung guter und billiger Verkehrseinrichtungen.

13. Zur Durchführung gemeinnütziger Unternehmungen, für welche die Mittel der einzelnen Gemeinden nicht ausreichen, ist die Bildung von Gemeindeverbänden anzustreben.

Die Kommission hat sich in Übereinstimmung mit der Provinzial-Parteileitung der Überzeugung nicht verschließen können, daß es notwendig sei, zu den in diesem Programm enthaltenen Grundsätzen und Forderungen Erläuterungen zu geben, welche geeignet sind, ein umfassendes und erschöpfendes Verständnis für die einzelnen Fragen zu schaffen, und sowohl die kommunalpolitische Propaganda unserer Parteigenossen im allgemeinen als auch die Tätigkeit sozialdemokratischer Vertreter in der Gemeindeverwaltung zu stützen und zu fördern.

Diesem Bedürfnis glaubt die Kommission mit vorliegender Schrift zu entsprechen: sie bringt damit das vor drei Jahren begonnene

Werk der Schaffung einer programmatischen Grundlage für einheitliche und energische, Erfolg verheißende Beteiligung an den Kommunalwahlen zum Abschluß.

8. Das National-Soziale Programm.
(Oben S. 25.)

I. Wir sehen in den Gemeinden diejenigen politischen Einheiten im Staatsleben, auf deren möglichst selbständiger Entwickelung der gesunde, nationale Aufbau des Volkskörpers beruht. Innerhalb der notwendigen staatlichen Einheit ist deshalb die gemeindliche Selbstverwaltung in allen ihren Formen frei und selbständig weiter zu bilden. Sie soll nicht nur ein staatliches Verwaltungsorgann sein, sondern sich auch dem gemeinen Nutzen ihrer Glieder, vor allem der Verwaltung als eine Bildungsstätte des Gemeinsinnes und wahrer staatsbürgerlicher Gesinnung erweisen.

II. Wir fordern demgemäß: Die Wahl der Gemeindevertretungen auf dem Wege des allgemeinen, geheimen und direkten Wahlrechts unter Ausschluß aller an Stand und Besitz gebundenen Sonderrechte und Beschränkungen, mit der Berechtigung, das Proportionalsystem anzuwenden. Entschädigung der Gemeindevertreter. Die aktive wie die passive bürgerliche Wahlfähigkeit ist an einen mindestens einjährigen Aufenthalt am Orte geknüpft. Weder aus politischen noch aus religiösen Gründen darf die Bestätigung der Gemeindebeamten versagt werden. Richterlicher Entscheid bei verweigerter Bestätigung.

III. Wir halten eine finanziell unabhängige Ausgestaltung der Gemeindeverwaltung für unerläßlich zur Erfüllung ihrer volkswirtschaftlichen Aufgaben. Als Weg dazu sehen wir an:

1. Die Vergemeindung solcher Betriebe, welche den dauernden Bedürfnissen der Gemeinden dienen, und die durch ihren Monopolcharakter an sich einem gesunden Wettbewerb entzogen sind. Wir fordern daher für die Gegenwart: Überführung des städtischen Verkehrswesens (Pferde-, Dampf- oder elektrische Bahnen), des Beleuchtungswesens (Gas- und Elektrizitätswerke), der Wasserversorgung, des Anschlagwesens, des Abfuhrwesens, der Schlachthöfe, der Apotheken und der Sparkassen in Gemeindebesitz.

2. Wir fordern für die Gemeinde ein Vorkaufsrecht für den innerhalb ihres Weichbildes liegenden Grund und Boden. Wir fordern für die Gemeinde das Recht einer möglichst hohen Besteuerung der ohne jede Arbeit des einzelnen entstehenden „Zuwachsrente", zu einer Besteuerung des unbebauten Bodens nach dem Werte, der durch Selbsteinschätzung zu bestimmen ist und an ein Enteignungsrecht der Gemeinde zu diesem selbsteingeschätzten Werte und eine Umsatzsteuer für Liegenschaften.
3. Die für das Gemeindefinanzwesen nötigen Mittel sind in erster Reihe aus dem möglichst zu vermehrenden Grundeigentum, dem Betrieb der kommunalen Unternehmungen, der Zuwachs-, Bauplatz- und Umsatzsteuer und der aufrecht zu erhaltenden Grund- und Gebäudesteuer aufzubringen. Soweit diese nicht genügen, sind sie in erster Reihe durch Zuschläge zu den höheren Stufen der staatlichen Vermögens-, Kapitalrenten- und Einkommensteuer zu beschaffen.

Verbrauchsabgaben (Oktroi), welche notwendige Lebensmittel verteuern, sind unter allen Umständen auszuschließen und, wo sie bestehen, zu beseitigen.

IV. Wir verlangen Verwendung der Gemeindeeinkünfte in gemeinnütziger Weise:
1. Zur Förderung der Volksbildung:
   a. durch allmähliche Einführung der Unentgeltlichkeit des Schulunterrichts und der Lehrmittel;
   b. durch Errichtung von Fortbildungs- und Gewerbeschulen, bei denen Abend- und Sonntagsunterricht wegfällt, durch Unterstützung von Haushaltungsschulen;
   c. durch Anlage öffentlicher Bücher- und Lesehallen und, wo angängig, auch städtischer Galerien und Sammlungen;
   d. durch Förderung guter Theatervolksvorstellungen, öffentlicher Konzerte und anderer volksbildender Bestrebungen;
   e. Herstellung von Stadtsälen, die allen Richtungen offen stehen.
2. In hygienischer Beziehung:
   a. durch eine geordnete Wohnungskontrolle;
   b. durch Anstellung von Schulärzten in größeren Gemeinden;
   c. durch Herstellung von Spiel- und Turnplätzen, bezw. Turnhallen, öffentlichen Badeanstalten, Parks und öffentlichen Anlagen,

d. durch Förderung möglichst billiger und guter Kranken- und Wöchnerinnenpflege, sowohl in eigenen Anstalten, wie als Privatpflege;

3. durch eine weitblickende Armen- und Waisenpflege unter Anstellung auch **weiblicher** Pfleger.

4. Neuregelung des Begräbniswesens.

V. Wir fordern ferner, daß die Gemeinden einen sozialen Schutz von Erwerb und Besitz betätigen:

1. Durch Ausgestaltung der kommunalen Betriebe zu Musterbetrieben. Zu diesem Zweck fordern wir im einzelnen:
   a. Einführung von Arbeitervertretungen;
   b. Einführung von Gehaltsskala, der Pensionsberechtigung und einer Hinterbliebenenversorgung nach einer billig zu bemessenden Wartefrist;
   c. die Löhne dürfen dabei nicht unter den Durchschnittslohn des betreffenden Gewerbes sinken.
   d. Errichtung von Wohnhäusern für Gemeindeangestellte und Beamte.

2. Durch eine Regelung des Submissionswesens, die berechtigten Wünschen der Gewerbetreibenden entspricht, und zugleich auf die Arbeits- und Lohnverhältnisse der betr. Betriebe einwirkt.

3. Durch Errichtung unparteiischer Arbeits- und Wohnungsnachweise.

4. Durch Hinwirkung auf Herstellung möglichst guter und billiger Wohnungen:
   a. dadurch, daß die Gemeinde die private Verwertung des in städtischem Besitz befindlichen Bodens an Bedingungen knüpft, welche dessen kapitalistische Ausbeutung ausschließen und die Zuwachsrente der Gesamtheit erhält (Erbbaurecht),
   b. durch Aufstellung solcher Bebauungspläne und Ortsbaustatuten, welche eine übermäßige Ausnützung des Bodens und eine Herstellung ungesunder Wohnungen ausschließen,
   c. durch Förderung solcher Unternehmungen, bei denen, wie bei den Spar- und Bauvereinen, Pachtgärten usw., der dauernd gemeinnützige Charakter gewährleistet ist.

Vortrag
(Korreferat)

von

Oberbürgermeister Geh. Finanzrat a. D. Beutler
in Dresden.

Meine hochverehrten Herren!

Ich habe Herrn Kollegen Adickes seinerzeit aufgefordert, uns einen Vortrag über die sozialen Aufgaben der deutschen Stadtverwaltungen zu halten, weil ich davon ausging, daß er der beste Kenner der ganzen Materie in geschichtlicher und praktischer Beziehung sei und bitte die Versammlung, darin, daß ich die Behandlung des Themas angeregt und Herrn Kollegen Adickes zur Übernahme des Referates gewonnen habe, mein größtes Verdienst um die Sache zu erblicken. (Heiterkeit. Bravo!)

Wenn mein Herr Vorredner mehr eine objektive Darstellung des Gewordenen und Bestehenden und eine systematische Darstellung nahezu der gesamten sozialen Frage gegeben hat, so bitte ich mir zu gestatten, die sozialen Aufgaben der deutschen Städte mehr vom subjektiven Standpunkte aus, d. h. nach meiner persönlichen, durch eigene langjährige Erfahrung in der Gemeindeverwaltung gewonnenen Anschauung über die wichtigsten hier einschlagenden Fragen zu behandeln und mich auf das gestellte Thema selbst zu beschränken. Auf Ihre Nachsicht hierbei glaube ich um so mehr Anspruch haben zu dürfen, als ich zu einem etwas ermüdeten Auditorium und in einer Zeit sprechen muß, in der ich ganz besonders stark in Anspruch genommen bin.

Ich gehe zunächst von folgenden allgemeinen Erwägungen aus:

Die Stadtverwaltungen haben bei Inangriffnahme neuer Aufgaben und Verwaltungsgebiete zwar zunächst zu prüfen, ob dies mit ihrer gesetzlichen Zuständigkeit vereinbar ist.

Doch werden die deutschen Städte- und Gemeindeordnungen den städtischen Körperschaften wenig Schranken ziehen, wenn sie sich um die soziale Wohlfahrt ihrer Einwohner bemühen wollen.

Sie haben ferner jedenfalls zu beachten, daß sie die Rechte und Interessen aller von der Gemeinschaft (Kommune) umfaßten Personen wahrzunehmen haben, und nicht zu Gunsten der einen Klasse eine andere Klasse der Gemeinschaft übermächtig belasten dürfen. Diese Gemeinschaft ist nicht eine ihrer selbst und ihrer Leistungen wegen gewollte und herbeigeführte, sondern durch die Lebensumstände, den Wohnsitz und den längeren Aufenthalt ihrer Mitglieder herbeigeführte und gebietet darum den die Gemeinschaft Verwaltenden um so mehr Rücksichtnahme auf die Interessen derer, denen sie ihre Existenz verdankt.

Unter den sozialen Aufgaben und Pflichten in Sonderheit der Gemeinde verstehe ich darum etwas abweichend von meinem Herrn Vorredner auch nicht bloß die Verpflichtung, für die in der Gemeinde wohnenden oder beschäftigten Lohnarbeiter oder schlechthin für die Arbeiterbevölkerung eine besondere Fürsorge zu entwickeln, sondern, und ich betone das ganz besonders, die soziale Aufgabe der Stadt erblicke ich darin:

> Für alle Stände und Bevölkerungskreise, die nicht aus eigener Kraft ihre geistige und materielle Lage so zu gestalten vermögen, wie wir es auf der Basis christlicher Moral stehend und im Interesse der Gemeinschaft selbst wünschen müssen, helfend und fördernd einzugreifen.

Der kleine selbständige Handwerksmeister, der Handlungskommis, der kleine Beamte, das Ladenfräulein, die unvermögenden Witwen von Personen in angesehenen Stellungen, die oft bittere Not leiden im Kampfe ums Dasein, verdienen unsere Fürsorge ebenso wie die Lohnarbeiter und ihre Familien. (Sehr richtig!)

Jene anderen Kreise besonders hervorzuheben, wenn es auch manchem als selbstverständlich erscheinen mag, empfiehlt sich zur Bekämpfung des in den Reihen der Lohnarbeiter mehr und mehr auftretenden Anspruches, daß die Welt gewissermaßen sich allein mit ihnen beschäftigen soll, ja daß es sich in der heutigen Politik um nichts anderes mehr handele, als um das Wohl und Wehe des Arbeiters, sodann aber auch, um es durch die Tat zu beweisen, daß in der Gemeinde der Lohnarbeiter eben so viel gelten soll, wie jeder andere, in dem oben erwähnten Sinne bedürftige Mensch, daß er nicht mehr ist als dieser, aber auch nicht weniger.

Es versteht sich von selbst, daß im Rahmen eines Vortrages und in den doch höchstens einige Stunden währenden Verhandlungen das ganze große Gebiet der sozialen Aufgaben unserer Stadtgemeinden nicht erschöpfend behandelt werden kann.

Man wird daher heute, wo das Thema absichtlich ganz allgemein gehalten worden, nur die skizzenhafte Darstellung der wichtigsten Punkte erwarten dürfen und vielleicht hoffen können, daß in späteren Tagungen der deutschen Stadtvertretungen einzelne Gebiete gründlich und vollständig behandelt werden.

Ich beginne damit, zwei wichtige und große Gebiete, die in der Literatur ungemein oft und vielseitig behandelt worden sind, als solche zu bezeichnen, die im eigentlichen Sinne nicht in das Aufgabenbereich der Gemeinde gehören:

Nicht in das Gebiet der Gemeindefürsorge gehören nach meiner Ansicht

    1. das Gebiet der Arbeitsnachweise,

    2. „   „   „   Arbeitslosenversicherung.

Wenn irgend eine Zeit die Wichtigkeit beider Fragen, ja die Notwendigkeit ihrer baldigen praktischen Lösung allen politisch denkenden Menschen vor Augen geführt hat, so sind es die letzten Jahre unseres deutschen wirtschaftlichen Lebens mit ihren gewaltigen Erschütterungen großer Industrien und Erwerbszweige, mit ihrer Arbeitslosigkeit in einzelnen Zentren der Großindustrien.

Auf keinem Gebiete sozialer Arbeit ist wohl mehr experimentiert worden, als auf dem des Arbeitsnachweises. In allen Kulturstaaten haben diese Experimente andere Formen angenommen und überall haben sie gleich unbefriedigende Resultate gezeigt. Die Pariser Arbeiterbörse, die italienischen Arbeiterkammern, die englischen Trades Unions, die deutschen Gewerkschaften und die von Vereinen und Gemeinden gegründeten Arbeitsnachweise, sie kranken alle an denselben Übeln.

Sie umfassen nicht das ganze in Frage kommende wirtschaftliche Gebiet, sie ermangeln der nötigen Öffentlichkeit oder Zugängigkeit, sie sind meist noch mit anderen ihre eigentlichen Zwecke beeinträchtigenden Tendenzen politischer, humanitärer oder kirchlicher Art verknüpft.

Während seit einem Jahrhundert der Ausgleich und die Preisfeststellung der wichtigsten Lebensmittel und zahlreicher wichtiger Verbrauchs- und Gebrauchsartikel durch staatlich geordnete und beaufsichtigte Börsen und die Bekanntgabe ihrer Preisfestsetzungen (Notierungen) in allen Kulturstaaten ja gegenwärtig auf dem Weltmarkte besteht, ist für die viel wichtigere edlere Ware, wenn ich so sagen darf, die Arbeitskraft des Menschen, auch die des geschulten und gelernten Arbeiters in bezug auf Angebot und Nachfrage keine genügende Ordnung getroffen.

Nach meiner Ansicht aber kann diese Ordnung in Deutsch=

land nur vom Reiche ausgehen, nur auf Grund Reichsgesetzes erfolgen. Denn nur dann umfaßt sie in Wahrheit wenigstens das große Wirtschaftsgebiet dieses Staates und nur dann werden ihr die Mängel nicht anhaften, die ich vorhin bezeichnet habe.

Selbstverständlich braucht sich das Reich, abgesehen von einer Zentralbehörde, keine neuen eigenen Organe für die Ausführung zu schaffen, sondern hier werden nun die Gemeinden eintreten können. Und wenn die Verwaltung des Arbeitsnachweises in den großen Gemeinden einer aus Arbeitgebern und Arbeitnehmern gleichmäßig zusammengesetzten Kommission der Leitung eines Gemeindebeamten, für die kleineren Gemeinden vielleicht der Leitung eines Bezirks- oder Kreisbeamten, unterstellt würde, so würde überhaupt nirgends ein besonderer großer Verwaltungsapparat notwendig werden. Es würde aber ohne Schwierigkeiten die Sammlung der Arbeitsangebote und der offenen Stellen im ganzen Reiche möglich und ihre regelmäßige Veröffentlichung in den Tageszeitungen ebenso zu erreichen sein, wie diejenigen der Preise von Korn und Mehl, von Baumwolle und Stahl.

Man braucht sich dann auch nicht der Sorge hinzugeben, wie einst die Pariser Arbeiter, die mit Recht fürchteten, daß durch die gute lokale Organisation des Arbeitsnachweises in Paris im Gegensatz zu anderen Städten Arbeitsuchende noch mehr als sonst an diesem Orte zusammenströmen und dadurch ihr Interesse durch Herabdrücken der Löhne gefährdet werde.

Denn abgesehen von der Möglichkeit, besondere Maßnahmen zu treffen, um das Zusammenströmen von Ausländern zu den Arbeitsplätzen zu verhindern, — ein Thema, das, wie Sie wissen, jetzt beinahe in allen Städten verhandelt wird —, würde wohl eine solche Einrichtung noch rascher als andere soziale Maßnahmen Nachahmung in anderen Ländern finden und damit sehr bald auch für die Arbeitskräfte eine Art Weltmarkt geschaffen werden, wie er für zahlreiche andere Waren längst besteht und anerkannt ist.

Also, um es kurz noch einmal zusammenzufassen, Organisation des Arbeitsnachweises von Reichswegen unter Auferlegung der Ausführung an die großen Gemeinden und Bezirke und Bildung einer entsprechenden Zentrale mit regelmäßigen alsbaldigen Veröffentlichungen.

Ähnlich verhält es sich mit der Versicherung gegen Arbeitslosigkeit. Sie lokal ordnen zu wollen, hierin stimme ich Herrn Kollegen Adickes vollständig bei, wird stets vergebliche Mühe bleiben.

Zunächst läßt sie sich sicher überhaupt nur auf Grund und in Verbindung mit einem gut geordneten Arbeitsnachweise durchführen. Denn es muß die Möglichkeit bestehen, wenn an anderen Orten passende Arbeit angeboten wird, die Unterstützung an dem Wohnorte des Arbeitslosen zeitlich zu beschränken und den Arbeitslosen dorthin zu verweisen, wo Arbeiter gesucht werden.

Die Arbeitslosenversicherung an einzelnen Orten einzurichten, würde in kurzer Zeit eine gewaltige und unerträgliche Konkurrenz für die Arbeiter dieser Orte schaffen, da möglichst viele sich der Wohltat dieser Versicherung teilhaftig machen wollen. Die Versicherung muß, wie alle Versicherungen, einen möglichst großen Kreis von Personen und möglichst verschiedenen Gefahrenklassen umfassen, um auf sicherer und finanziell unanfechtbarer Grundlage zu ruhen.

Der Begriff „arbeitslos" für die Arbeitslosenversicherung muß gleichmäßig im Reiche festgelegt werden — unter Berücksichtigung der Erwägungen, die Herr Kollege Adickes in bezug auf die freiwillig Arbeitslosen bereits dargelegt hat, (Heiterkeit.) —, er darf nicht auf die Lohnarbeiter beschränkt, sondern muß ohne Unterschied des Geschlechtes auf alle Deutschen ausgedehnt werden.

Das ist nur durch Reichsgesetz möglich, indem wiederum die Ausführung nicht besonderen Organen, sondern den Gemeinden und Bezirken oder Kreisen übertragen wird.

Ich empfehle also nicht, wie es vielfach geschieht, daß diese beiden Gebiete von der Gemeindeverwaltung in Angriff genommen werden, weil diese Arbeiten nach meiner Ansicht ergebnislose Experimente bleiben werden.

Ich bin aber der Meinung, daß beide Materien reif für die legislatorische Behandlung im Reiche sind und daß hierbei als ausführende Organe die Gemeinden und die Bezirke in erster Linie in Betracht zu kommen haben, selbstverständlich unter einer Zentralinstanz im Reiche stehend.

Ich gehe zur Besprechung derjenigen Gebiete unseres sozialen Lebens über, auf denen meines Erachtens die Gemeinden selbständig vorzugehen in der Lage und berufen sind, wenn auch eine Mitwirkung der gesetz= geberischen Faktoren im Reiche und Staate und ein legis= latorischer Ausbau der Befugnisse der Gemeinden sich hier und da als erwünscht ergeben wird.

Ich beginne mit den geistigen Gebieten, der Jugend= erziehung und der Volksbildung. Ich stelle diese des= halb an die Spitze, weil ich, abweichend von vielen, die die soziale Frage in erster Linie oder ausschließlich als eine Magenfrage, als eine Frage der höheren Löhne und besseren materiellen Lebenshaltung betrachten, sie dahin auffasse, daß sie ebenso sehr eine Frage der Gleichwertung aller Bürger, abgesehen von ihrer Beschäftigung und ihrem Einkommen, ist und daß sie befriedigend wohl nur gelöst werden wird, wenn auch in dem Bildungsstande des Volkes die Unterschiede

in gewissem Sinne sich mildern und wenigstens die Bildungs=
möglichkeit weniger als bisher vom Besitze abhängig gemacht
wird.

Gerade auf diesem Gebiete sind aber meines Erachtens
die Gemeinden nach ihrer geschichtlichen Entwicklung zu einer
besonders regen und segensreichen Tätigkeit berufen.

Eine soziale Tat des vorigen Jahrhunderts ist es in
Deutschland gewesen, daß das Gebiet des allgemeinen Volks=
schulwesens in den meisten Staaten auf Grund Gesetzes in
der Weise geregelt worden ist, daß die Volksschule den Ge=
meinden unter Aufsicht des Staates überwiesen worden ist,
ein Fortschritt, über den in anderen Kulturstaaten, wie Frank=
reich und dem von meinem Herrn Kollegen Abickes nach
meiner unmaßgeblichen Ansicht etwas zu sehr gelobten Eng=
land, noch heute heftig gestritten wird.

Allerdings hat der Gedanke eine Fortentwicklung in der
Richtung, in welcher er entstanden ist, nicht erfahren; denn
die Volksschule, d. h. die Schule, in welcher die Kinder
des gesamten Volkes ohne jeden Unterschied den Elementar=
unterricht zu genießen haben, ist in Wahrheit noch fast
nirgends durchgeführt, — nur erst in Bayern zu einem
kleinen Teil. Ich würde es für einen sozialen Fortschritt
halten, wenn allenthalben, wie es in Dresden bereits der
Fall ist, die Elementarschule gleichmäßig für Reiche und Arme
organisiert, ja noch mehr, wenn die Kinder aller Bürger ver=
pflichtet wären, dieselbe Schule zu besuchen, vorausgesetzt,
daß diese Schule ein bestimmtes, gesetzlich festzulegendes Maß
der Gliederung und einen vollständigen Auf= und Ausbau
besitzt und alle Gewähr für den nötigen Schutz der Gesund=
heit aller Zöglinge bietet.

Ich bin der Überzeugung, daß sich unsere Volksschule,
wenn auch langsam und stetig, doch in der Richtung der
obligatorischen Einheitsschule, die dann erst in Wahrheit

eine Volksschule ist, bewegen wird. (Sehr richtig!) Mit dem Begriff der Volksschule wird vielfach — meines Erachtens ganz mit Unrecht — die Unentgeltlichkeit des Unterrichtes als selbstverständliches Requisit verbunden. Ich mißbillige diese grundsätzliche Unentgeltlichkeit schon deshalb, weil ich entgegen der vielseitig vertretenen Anschauung davon ausgehe, daß die Lasten der Erziehung im wesentlichen den Eltern verbleiben müssen, daß sie also auch mindestens im Maße ihrer Kräfte und im Maße der Inanspruchnahme der für Bildung der Jugend geschaffenen staatlichen und gemeindlichen Einrichtungen zu deren Unterhalt beizutragen haben.

Daß dabei Schulgeldbefreiung wegen Unvermögens nicht als Armenunterstützung angesehen wird, diese Forderung ist nicht neu und wird zumeist schon erfüllt.

Ich gehe aber noch weiter:

Man soll kinderreichen Familien ungesucht Schulgeldbefreiung gewähren, wie wir dies in Dresden bereits tun, man soll ihnen auch bei Beschaffung von Lehrmitteln behülflich sein.

Daß in den Volksschulen die Hygiene eine besondere Rolle zu spielen hat, wird nirgends mehr bestritten und, wie die Städteausstellung beweist, allenthalben als fester Grundsatz praktisch durchgeführt. Wir sollen uns aber bei hygienisch eingerichteten Schulräumen und Schulbänken, Aborten und Spielplätzen nicht begnügen, sondern namentlich in den Großstädten noch einige Schritte weiter gehen.

Das Zusammenleben der Kinder in der Schule bringt zahlreiche gesundheitliche Gefahren, wie Ihnen alle Mütter und Väter bestätigen werden. Diese Gefahren durch Anstellung und sachgemäße Instruktion von Schulärzten zu mildern, ist eine soziale Pflicht der Gemeinde gegenüber den Unbemittelten, aber auch nach meiner Ansicht eine notwendige Folge des Schulzwanges überhaupt. Die

Funktionen der Schulärzte werden aber um so bedeutungs=
voller, je mehr Kinder aus Familien, bei denen eine sorgfältige
ärztliche Überwachung der Kinder stattfindet, mit solchen
Kindern in gemeinsame Schulen gewiesen werden, in deren
Familien die gesundheitlichen Verhältnisse minder günstig
sind. Diese Hygiene und ärztliche Aufsicht möchte ich nament=
lich gern auch, was Sie vielleicht überraschen wird, auf die
Zähne der Kinder erstreckt, ebenso auch ausgedehnt haben
auf die Beschaffung von Schulbädern, wenn auch nur für
solche Kinder, bei denen in der Familie für diese Dinge nicht
die nötige Sorge aufgewendet wird.

Ferner, wenn wir wünschen, daß in allen Kreisen unserer
Bevölkerung wieder die deutsche Familie zu Ehren kommt,
d. h., der Zustand, in welchem die Frau das Hauswesen
besorgt und der Mann dem Erwerbe nachgeht, so müssen
wir die Frauen geschickt machen zu solcher Versorgung des
Hauswesens.

Können die Mädchen unter den heutigen sozialen Verhält=
nissen die erforderlichen Kenntnisse und Geschicklichkeiten sich
nicht im Hause der Eltern aneignen, so ist es eine wichtige,
mit der Volksschule unmittelbar zusammenhängende Aufgabe
der Gemeinden, den Mädchen angemessenen Haushaltungs=
unterricht erteilen zu lassen. (Sehr richtig!) Auch in diesem
Punkte haben zahlreiche Städte bereits vorbildlich gewirkt.

Weiter kommt in Betracht der Besuch der höheren Lehr=
anstalten, Realschulen, Gymnasien, Realgymnasien, technischen
Mittelschulen, die sich ja vielfach in Verwaltung der Gemeinden
befinden.

Hier wird für besonders begabte Söhne ärmerer Kreise
die Möglichkeit der Ausbildung erheblich erweitert und ver=
größert werden können und müssen, gleichzeitig mit Ver=
schärfung der Prüfung für alle Besucher der Schule. Es
muß erstrebt werden, daß nur die begabtesten des Volkes

die höhere, mit erheblichen, vom ganzen Volke aufzubringenden Kosten verbundene Bildung erlangen. Ein schrittweises Vorwärtsgehen in dieser Richtung wird sicher gute Erfolge zeitigen. Ja man könnte sich wohl eine Einrichtung vorstellen, daß jedesmal die begabtesten Kinder der Volksschule auf Kosten der Gemeinde die Ausbildung auf höheren Schulen erhalten und dann dem Berufe zugeführt werden, der ihren Neigungen am meisten entspricht.

Ich gebe dabei vollständig zu, daß nach den bisherigen Erfahrungen in dieser Richtung gewisse Gefahren damit verbunden sind, d. h., daß die so aus ihren Familienkreisen und Lebensgewohnheiten herausgewachsenen Menschen ihre Harmonie verlieren und in das staatsfeindliche Lager geraten. Diese Gefahr vermindert sich aber zweifellos, wenn bei der Ausbildung und der Erziehung auf den höheren Schulen vielleicht noch mehr Wert als jetzt schon darauf gelegt wird, allen jungen Menschen einzuprägen, daß Bildung mehr noch als Adel verpflichtet, d. h. verpflichtet, alle Kräfte für dasjenige Gemeinwesen einzusetzen, dem man diese Bildung verdankt, unsere Jugend noch mehr zum Patriotismus zu erziehen. (Bravo!)

Wir würden dann vielleicht auch in unseren Adels- und Bürgerkreisen weniger politisch Gleichgültige und Abstinente haben als jetzt.

Daß auch die Weiterbildung derjenigen Teile des Volkes, die keine Hochschule besuchen oder besuchen können, mit zu den sozialen Aufgaben der Gemeinde gehört, ist gleichfalls nahezu allgemein anerkannt und bedarf keiner besonderen Ausführung. Die Erfüllung dieser Aufgaben für die erwachsenen Menschen liegt allerdings meist noch in den Uranfängen.

So sind unsere Volksbibliotheken, unsere Volkslesehallen

meist weit hinter den Anforderungen unserer Zeit zurück=
geblieben.

Eine erste große Volkslesehalle in Sachsen in modernem
Stile ist jetzt hier in Dresden mit Unterstützung einer
städtischen Stiftung durch einen reichen und wohltätigen
Privatmann eingerichtet worden und kann zu einer Be=
sichtigung sehr empfohlen werden. Die Volksbibliotheken
sind meist in der Mitte des vorigen Jahrhunderts gegründet
worden; sie werden von gemeinnützigen Vereinen geleitet
und haben kaum eine Fortbildung erfahren. Sie sind deren
aber meist sehr bedürftig und sind meines Erachtens ihrer
vor allem wert.

Für das weibliche Geschlecht kann man nicht dringend
genug freiwillige Fortbildungskurse empfehlen. Das Bildungs=
bedürfnis — und hierin stimme ich mit Herrn Kollegen Adickes
vor allen Dingen überein — ist in den Kreisen unseres Volkes
ein ungemein großes, reges und lebendiges; wird es nicht
in die richtigen Bahnen geleitet, so gerät es auf Irrwege
und Staat und Gemeinde dürfen sich nicht wundern, wenn
falsche Lehren Anhang und Verbreitung finden.

Auch die Lehre und die Kenntnis von unserem Staat
und unseren Gemeinden und deren Einrichtungen müssen
für alle Bürger und Bürgerinnen von Staats= und Gemeinde=
wegen geboten werden.

Geschieht es nicht in den Fortbildungsschulen und in
geordneten Unterrichtsanstalten, meine Herren, so geschieht
es in den Volksversammlungen, und es fragt sich doch, welche
Art der Bildung eine größere Gewähr objektiv richtiger
Darstellung bietet.

Endlich sollen die Gemeinden sich auch die Förderung
und volkstümliche Gestaltung der Kunst angelegen sein lassen.
Sie werden dabei erfahren, welch empfänglicher Sinn und
welch großes Verständnis für die wahre Kunst in den breitesten

Schichten unseres Volkes herrscht und daß es sich wirklich lohnt und dankbar anerkannt wird, diesen Sinn zu wecken und diesem Verständnisse die Kunst auch zugängig zu machen.

Ich kann hinzufügen, daß die Einrichtung, die Herr Kollege Adickes von Frankfurt a. M. berichtet hat, in Dresden auch besteht. Große volkstümliche Gesangvereine und das Entgegenkommen unseres Königl. Hoftheaters ermöglichten es, zahlreiche volkstümliche Vorstellungen zu außerordentlich billigen Preisen zu bieten. Es war ein wirklicher Genuß, die Leute aus den schlichtesten Volkskreisen die größten und schwierigsten Tragödien und Musikstücke anhören zu sehen.

Ich komme nun, meine Herren, zu den materiellen Gebieten unseres Wirtschaftslebens, auf denen nach meiner Ansicht die großen Gemeinden und die Kreise, welche nicht hauptsächlich landwirtschafttreibende Bevölkerung umfassen, helfend und fördernd und die sozialen Gegensätze mildernd eingreifen können und sollen.

Ich möchte da in erster Linie ein Gebiet berühren, das wahrscheinlich vielen von Ihnen zunächst abseits der heute zu behandelnden Aufgaben zu liegen scheinen wird. Es ist das die Hebung und Förderung des Mittelstandes in unseren Städten, ein Thema, das vielfach in der Presse variiert, aber in diesem Zusammenhange meines Wissens noch nicht behandelt ist.

Ich persönlich halte die gegenwärtigen Kämpfe des Mittelstandes, die seiner wirtschaftlichen und politischen Existenz gelten, hauptsächlich wegen der Untauglichkeit der von ihm angewendeten Waffen nicht für sehr aussichtsreich.

Auf der einen Seite sehen wir die gewaltige Anhäufung des Großkapitals, die Aktiengesellschaften, die Trusts, die allseitige Förderung und Hebung des Großhandels durch die Ausbildung der Verkehrsmittel und auf der anderen Seite die kompakte, politisch festorganisierte Masse der

Lohnarbeiter, meist in Gewerkschaften fest gegliedert, die sich zweifellos, noch immer mehr als bereits jetzt geschieht, Anerkennung und Geltung verschaffen werden.

Diese Gewerkschaften haben vor allem den Zweck, den Preis zu bestimmen und möglichst hoch zu normieren für das höchste Gut der Arbeiter, für ihre Arbeitskräfte. Diese Gewerkschaften sind also in erster Linie wirtschaftliche Organisationen, wenn sie auch, ich sage leider, unter dieser Firma häufig politische Zwecke verfolgen.

In dieser Zeit erstreckt sich die gemeinsame Tätigkeit des Handwerkerstandes und des kleinen selbständigen Kaufmannes, also des besten Kernes unseres städtischen Mittelstandes, im wesentlichen auf die Bildung von Innungen, die Unterstützung und Förderung von Fachschulen und die Erfüllung repräsentativer Pflichten.

Gewiß sind das ganz nützliche Dinge, im wirtschaftlichen Leben der Nation aber und gegenüber den mächtigen Gebilden und Kräften der anderen Stände sicher nicht von ausschlaggebender Bedeutung, sicher ungeeignet als Waffen, um damit mit Aussicht auf den Erfolg den Existenzkampf zu führen. Erst in allerneuester Zeit fangen in verschiedenen Städten die kleinen Kaufleute an, den Genossenschaften, von denen sie bisher jahrelang sozusagen mit den Hinterladern des Rabattgewährens an ihre Mitglieder bestürmt und bekämpft worden sind, anstatt mit Klagen und Petitionen um gesetzlichen Schutz, mit gleichwertigen Waffen entgegenzutreten, indem sie selbst Rabattvereine gründen und so ihren Kunden dieselben Vorteile zugestehen, wie die Genossenschaft ihren Mitgliedern.

Teilweise geschieht dies mit direkter Förderung durch gemeindliche Einrichtungen, wie in Bremen und Halle durch die Unterstützung der Sparkassen.

Nach meiner Ansicht verdienen derartige Bestrebungen

des Mittelstandes in aller erster Linie die Förderung der Gemeindeverwaltungen, und stehe ich nicht an, es für richtig zu erklären, wenn diese Förderung auch nicht bloß eine moralische, sondern auch eine materielle ist. Was aber für den kleinen Kaufmann richtig erscheint, ist für den Handwerker noch vielmehr notwendig, wenn er im Kampfe mit der Großindustrie bestehen will.

Also Zusammenschließung zu wirtschaftlicher Einheit für die Zwecke des Einkaufs, des Betriebs oder des Verkaufs, je nach den Bedürfnissen des einzelnen Erwerbszweiges.

Daß der kleine Schuhmacher und der Schneider nicht mit der Schuhwarenfabrik und dem Kleidermagazin konkurrieren kann, die mit ihrem Kapital alle Vorteile des Einkaufs ausnutzen und sich alle maschinellen Neuerungen bei der Fabrikation dienstbar machen können, liegt auf der Hand und ist oft schon ausgesprochen worden. Wohl aber ist es möglich, wenn die Schuhmacher oder die Schneider in Genossenschaften von 20 oder 30 Mitgliedern ihren Bedarf an Rohstoffen gemeinsam decken und wenn die Genossenschaft ihren Mitgliedern die nötigen Maschinen zur Verfügung stellt.

Also nochmals: genossenschaftliche Vereinigungen! um mit gleichwertigen Waffen gegen die Konzentration des Kapitales und die Konzentration der Arbeit im Kampfe zu bestehen.

Die Erhaltung eines gesunden, kräftigen, selbständigen Mittelstandes liegt aber deshalb im dringenden Interesse der Gemeinden, weil nur sie eine gesunde Schichtung und Gliederung der Bevölkerung verbürgt. Daraus ergibt sich aber auch die Legitimation, das Recht und die Pflicht der Gemeinde, helfend einzugreifen. Das kann sie tun durch Gewährung von Krediten, durch Beschaffung von geeigneten Verkaufslokalen, durch vorzugsweise Erteilung von Aufträgen und auf manche andere moralische und indirekte Weise.

Spruchreif scheint mir die Sache jedenfalls zu sein, da die Verluste, welche der Handwerker an Ansehen und politischer Bedeutung erfahren hat, wahrlich groß genug sind, um die Angehörigen dieser Stände nun endlich zu energischer Arbeit an dem Werke ihrer Selbsterhaltung anzuspornen. Die Angehörigen dieser Stände müssen aber jedenfalls die Initiative in diesem Kampfe ergreifen, müssen selbst die besten Soldaten sein; nur dann können wir von Gemeinde wegen ihnen fördernd und helfend zur Seite stehen.

Auf ein Weiteres will ich noch hinweisen, auch Herr Kollege Adickes ist darauf zugekommen, auf das Submissionswesen.

Es würde dies zweifellos durch die Assoziation der Handwerker allein schon wesentlich gebessert werden können, wenn sie es fertig brächten, über gewisse Normalpreise sich zu einigen und sich nicht regelmäßig selbst bei den einfachsten und leicht zu berechnenden Arbeiten und Lieferungen in oft geradezu erstaunlicher und erschreckender Weise zu unterbieten.

Wir müssen aber bis dahin auch unsererseits und von Gemeinde wegen dazu beitragen, daß die Submissionen, die Vergebungen an den Mindestfordernden, unseren Mittelstand nicht noch mehr schädigen und ruinieren.

Wir müssen meines Erachtens aufhören, handwerksmäßig herzustellende Leistungen und Arbeiten überhaupt an den Mindestfordernden zu vergeben.

Das ist eine Forderung, deren Erfüllung nicht rasch genug erfolgen kann.

Waren, die einen Marktpreis haben, wird man selbstverständlich den Gemeinden nicht zumuten können, zu höheren, als denjenigen Preisen zu kaufen, zu welchen sie ihnen angeboten werden. Die Arbeiten des Handwerkers aber sollen sie nicht anders fordern und übernehmen, als zu den Preisen, bei denen der Erzeuger bestehen und sich ernähren kann. Es wird bei gutem Willen m. E. möglich sein, bestimmte Preise für die wesentlichsten handwerksmäßig hergestellten Bedürfnisse unserer Gemeinde festzustellen, so daß die Arbeiten nicht unter dem bestimmten Normalpreis vergeben werden dürfen.

Diese Preise müssen unter Heranziehung von Sachverständigen festgestellt werden, wie auch die Güte der Arbeit durch Sachverständige aus dem Kreise der Gewerken geprüft werden muß.

Daß ich auf diesem Gebiete Widerspruch erfahren werde, verhehle ich mir nicht; ich glaubte aber meine Ansicht Ihnen vortragen zu dürfen.

Ich wende mich nun zur Behandlung einer Frage, die von vielen Seiten als die soziale Frage überhaupt betrachtet wird: zur Wohnungsfrage.

Wenn ich zunächst mit dem größten Teile derjenigen, die sich literarisch mit dieser Frage beschäftigt haben, darin nicht übereinstimme, daß mit der guten und richtigen Lösung der Wohnungsfrage auch die soziale Frage gelöst sei, so gehe ich von der Überzeugung aus, die ich teilweise schon vorhin ausgesprochen habe, daß die gewaltigen Dissonanzen in unserem sozialen Leben nicht in einer einzelnen und jedenfalls nicht in einer nur materiellen Ursache allein begründet sind.

Geben Sie den heutigen Arbeitern gute, entsprechend billige und gesicherte Wohnungen und lassen Sie im übrigen in den sozialen Verhältnissen unseres Volkes alles beim alten, so wird der allergrößte Teil dieser Arbeiter zweifellos nachher ebenso sozialdemokratisch gesinnt sein, ebenso unzufrieden und staatsfeindlich bleiben wie zuvor.

Es wird den meisten der geehrten Herren bekannt sein, welch eine Flut von Literatur über diese Frage in den letzten

Jahren entstanden ist, und es hat mir nicht geringe Mühe gekostet, mich durch dieselbe einigermaßen hindurch zu arbeiten.

Ich werde Sie mit der Aufzählung derselben nicht belästigen und nur einige von den Mitteln erwähnen, die zur Lösung dieser Frage vorgeschlagen worden sind.

Zunächst steht tatsächlich unbestritten fest, daß die Wohnungsverhältnisse in sehr vielen Orten unseres Vaterlandes für einen großen Teil der Bevölkerung unbefriedigende sind. Die Wohnungen zahlreicher armer Familien sind gesundheitlich teils überhaupt zu beanstanden, teils überfüllt, die Vermietung von Schlafstellen findet häufig weit über das Maß hinaus statt, welches gegenüber den einfachsten sanitären und moralischen Anforderungen zulässig ist.

Ein durchgreifendes Mittel zur Besserung dieser Übelstände ist bisher nirgends angewendet worden.

In einem Teile der Literatur — vgl. „Grenzboten", 54. Jahrgang, Seite 3/4 — werden die deutschen Gemeindeverwaltungen heftig angegriffen, daß sie ihren Beruf, den sozialen Frieden zu fördern und die Kluft zwischen den verschiedenen Ständen zu überbrücken, nicht genügend erfüllt, daß sie viel zu sehr gespart haben, wo es sich darum handelt, alte Stadtteile mit ungesunden Höfen und Wohnungen zu beseitigen. Dieser Vorwurf widerspricht teilweise den Tatsachen, da es bekannt ist, daß einzelne Großstädte durch Abtragung ganzer Stadtteile saniert und verbessert worden sind. In Hamburg, in Berlin, in Dresden, in Leipzig, wohl fast in allen deutschen Großstädten gibt es Vorgänge in dieser Beziehung.

Gewiß hätte hier und da mehr geschehen können. Doch wird man die Stadtverwaltungen, wenn sie vorsichtig an die Lösung derartiger Aufgaben herantraten, nicht tadeln dürfen, da sie meist ungeheure Geldopfer forderten und bei allen Angelegenheiten, auch den wichtigsten und bringendsten, doch einigermaßen auch auf die Leistungsfähigkeit der Bürgerschaft Rücksicht genommen werden muß.

Andere Schriftsteller und Menschenfreunde machen uns den Vorwurf, daß wir bei unseren Bebauungsplänen nicht genügend Rücksicht auf die Errichtung von solchen Wohnungen, wie sie nach ihrer Ansicht das Ideal der Arbeiterwohnung darstellen, genommen hätten, nämlich auf die Errichtung von Einfamilienhäusern für Unbemittelte. Es wird als Forderung aufgestellt, die Städte müßten dafür sorgen, daß insbesondere auch für die Arbeiterfamilien sozial gute und billige Wohnungen in kleinen Einfamilienhäusern erstehen können.

Man weist uns auf die englischen Städte als leuchtendes Beispiel hin, wo dieses Einfamilienhaus selbst in den Großstädten noch überwiege und wo es durch die Sitte, nicht durch Gesetz erhalten werde. Ja es ist mir eine Bemerkung in Erinnerung, die dahin ging, daß der Stockwerkbau das böse Prinzip der Städtebebauung sei.

Meine Herren! Ich bitte mir zu verzeihen, wenn ich in derartigen Ausführungen zum Teil übertriebene, zum Teil unbegründete Behauptungen finde.

Was zunächst den Hinweis auf England betrifft — andere haben auch Amerika angezogen, auf das ich mich aber, weil ich es nicht aus meiner eigenen Anschauung kenne, hier nicht einlassen will —, so ist zunächst festzustellen, daß auch dort neuerdings wenigstens in den Zentren der Großstädte Wohnhäuser mit vielen Stockwerken gebaut werden, und die Fabrikstädte, mit meist erdgeschoßhohen Wohnhäusern, die ich gesehen habe, das sind die großen Fabrikorte Leeds und Manchester, haben mir durchaus nicht den Eindruck gemacht, als herrschten dort größere Sauberkeit, größeres Behagen der Arbeiterbevölkerung und bessere Gesundheitsverhältnisse derselben als bei uns.

Ganz im Gegenteil, unsere Fabrikstädte wie Essen,

Barmen, Elberfeld, Chemnitz, Glauchau, Meerane und wie sie alle heißen, werden für jeden vorurteilsfreien Beschauer, der auch in das Innere der Arbeiterwohnungen gesehen hat, unbedingt den Vorzug verdienen.

Diese Auffassung wird mir vollauf bestätigt in dem Reisebericht von H. Olshausen und Dr. Reinicke über die Wohnungsfrage in England und Schottland und in den Essays von Professor Fuchs=Freiburg in der Zeitschrift für Wohnungswesen, über kommunale Wohnungsreform in England.

Unsere deutschen Arbeiter haben übrigens schon infolge ihrer geistigen Ausbildung die Gewohnheiten ihres Lebens mindestens so gut eingerichtet, wie die englischen Arbeiter, und wenn diese vielleicht infolge der Volksgewohnheiten und der Entwicklung der Sitte in der einen oder anderen Richtung, sagen wir beispielsweise in der Benutzung der Bäder, mehr fortgeschritten sind, so ist bei dem deutschen Arbeiter und seiner Familie ein solcher Fortschritt vor den englischen Arbeitern wieder in anderer Beziehung, in bezug auf Schulbildung, Lektüre u. s. w. zu bemerken. **Ich kann nicht zugeben, daß das englische Einfamilien= haus an sich eine kulturelle Überlegenheit be= deutet.**

Ich brauche nunmehr auch kaum noch daran zu er= innern, daß infolge unseres kalten und rauhen Klimas Par= terrewohnungen, gleichviel, ob sie sich in einem Einzelhause befinden oder in einer geschlossenen Straße, meist als weniger gesund betrachtet werden, weil der Fußboden sich schwerer erwärmt als in einer Etagenwohnung, wo die unteren Ge= schosse bewohnt und darum im Winter beheizt werden.

Ich halte aber die Forderung des Einfamilienhauses auch wirtschaftlich für eine Utopie.

Der Grund und Boden, so lange er eben noch im Privat=

besitz ist — ich komme dann sogleich auf diese besondere Frage noch zu sprechen — wird sich mit Erfolg dagegen sträuben, daß ihm eine so geringe Bebauungsmöglichkeit auferlegt werden soll. Gelänge es aber doch, in größerem Umfange Areal für diese Bebauungsart zu gewinnen, welche gewaltige Ausdehnung würde die Ansiedelung von Hunderttausenden annehmen, welche enorme Kosten würden entstehen für Beschaffung von Wasser und Beleuchtung, wie unendlich erschwert würde der Verkehr werden, wenn es für die Masse unserer Bevölkerung durchgeführt werden sollte, daß jede Familie in einem besonderen Hause wohnen sollte.

Alle diese Bedenken genieren natürlich die Befürworter solcher Pläne nicht, die ohne Skrupel davon ausgehen, daß alles das die Gemeinde durchführen könnte. Sie enthalten sich aber wohlweislich anzugeben, woher die Gemeinde die Mittel zur Durchführung solcher Pläne nehmen soll, einer Pflicht, der wir uns in diesem Kreise bei der Beantwortung der Frage über die Aufgaben der Gemeinden doch wohl nicht entziehen dürfen.

So wird von einigen empfohlen, daß die Städte selbst in großem Umfange Arbeiterwohnhäuser bauen sollen, daß sie mindestens, wo dies angängig sei, gemeinnützige Baugesellschaften unterstützen müßten, die kleine Wohnungen zum Selbstkostenpreise vermieten. Diese Unterstützung könnte bestehen in Überlassung von Grund und Boden zu Erbpacht, in Gewährung von Darlehen zu billigem Zinsfuße.

Diese Forderungen, wenn man als Aufgabe der Gemeinde die soziale Wohlfahrt ihrer Einwohner zu fördern ansieht, erscheinen auf den ersten Anblick ganz selbstverständlich und gut, und doch kann ich sie in dieser Allgemeinheit nicht als berechtigt anerkennen.

Um nicht mißverstanden zu werden, muß ich nunmehr

auf meine positive Ansicht über die Wohnungsfrage etwas näher eingehen.

Ich gehe davon aus, daß die Sorge um die Wohnung eine Sorge des einzelnen Bürgers ist und bleiben muß; ebenso wie es die Sorge um die Nahrung und um Erziehung der Kinder ist. Mit der gegenteiligen Auffassung beginnt man die Familie aufzulösen und damit die Grundlagen des heutigen Staates, der heutigen Gesellschaft zu erschüttern. Gewiß ist zuzugeben, daß einzelne Bürger, sei es aus örtlichen, sei es aus persönlichen Gründen, nicht, oder doch zeitweilig nicht in der Lage sind, sich eine den zu stellenden sittlichen und gesundheitlichen Anforderungen entsprechende Wohnung zu beschaffen.

Dann, aber auch nur dann ist es Sache des Staates oder der Gemeinde, einzugreifen, einmal, weil die christliche Moral uns zwingt, möglichst jedem Mitmenschen die einfachsten Güter des Lebens zu gewähren, und sodann, weil der Mangel dieser Güter bei einzelnen die Gemeinschaft schädigt.

Die Organe dieser Gemeinschaft werden daher zunächst Veranlassung haben, festzustellen, welche Mindestanforderungen an die Wohnungen der Menschen zu stellen sind. Da diese Frage nach der Natur der Sache örtlich verschieden beantwortet werden muß, anders nämlich für den Waldarbeiter, der einsam im Gebirge oder in der Heide wohnt und anders für einen Fabrikarbeiter in der Millionenstadt, so wird dies am besten der örtlichen Regelung der Gemeinde überlassen.

Die Gemeinde ist viel mehr in der Lage, die örtlichen Wohnungsverhältnisse durch eingehende Erhebungen festzustellen, als Staat und Reich. Ich glaube daher auch nicht, daß das im Entwurf vorliegende Wohnungsgesetz für den preußischen Staat mehr bringen wird, als den allgemeinen Rahmen für die örtliche Regelung. So haben wir denn auch eine ganze Reihe ausgezeichneter Wohnungsstatistiken von

Großstädten, dagegen hat sich das Reich und haben sich die Staaten statistisch mit der Frage überhaupt noch nicht beschäftigt.

Die Gemeinde wird auch die Kontrolle und Durchführung der an jede Wohnung zu stellenden Anforderungen zu übernehmen haben. Mit anderen Worten, ich fordere von den Gemeinden die Aufstellung einer die örtlichen Verhältnisse sorgfältig betrachtenden, ohne Härten durchführbaren, von theoretischen Idealen absehenden und den wirklich meist sehr einfachen Bedürfnissen unserer Bevölkerung Rechnung tragenden Wohnungsordnung und die genaue, durch geeignete Organe auszuübende Kontrolle ihrer Durchführung als erste und hauptsächlichste Voraussetzung für alles weitere Vorgehen.

Dabei möchte ich noch auf einen Grundsatz hinweisen, der bei den Wohnungsordnungen besondere Beachtung verdient, ohne daß er sie bisher meines Wissens in genügendem Maße gefunden hat, den Grundsatz der Gewährung von Entschädigung an die betroffenen Grundstücksbesitzer. Nirgends wird bestritten oder bezweifelt, daß die Gemeinde, wenn sie aus sanitären Rücksichten ein Haus enteignet, was sie nach Maßgabe moderner Enteignungsgesetze kann, zur Gewährung voller Entschädigung verpflichtet ist.

Dagegen fehlt es allenthalben an Bestimmungen darüber, wie es zu halten ist, wenn dem Grundbesitzer aufgegeben wird, zur Durchführung einer neu aufgestellten Wohnungsordnung etwa nur mehr die Hälfte der bisher in dem Hause wohnenden Personen darin zu dulden und wohnen zu lassen, oder wenn ihm ein Umbau als Voraussetzung für die Fortbenutzung des Hauses in der bisherigen Weise aufgegeben wird. Ich glaube, man wird anerkennen müssen, daß solche Beschränkungen einer teilweisen Enteignung gleichkommen und daß, so schwierig es sein mag, Grundsätze gefunden werden müssen, nach denen in solchen Fällen Entschädigung seitens der Gemeinde gewährt werden muß. Es wird dies die Durchführung einer guten Wohnungsordnung zwar erheblich verteuern, aber sicher im allgemeinen nicht erschweren, wenn dabei mit Gerechtigkeit und Billigkeit verfahren wird.

Ergibt sich bei Ein- und Durchführung einer solchen Wohnungsordnung die Notwendigkeit einer baldigen Beschaffung kleiner, billiger Wohnungen, ohne daß die Privatunternehmungen dieses Bedürfnis erfüllen, so kann die Gemeinde gewiß zeitweilig durch Förderung des Kleinwohnungsbaues mit eigenen Mitteln oder durch Unterstützung von gemeinnützigen Gesellschaften ebenso eingreifen, wie dies angezeigt erscheint, wenn im Auf und Nieder des Wohnungsmarktes eine besondere Teuerung für die kleinen Wohnungen zu bemerken ist.

Ja noch mehr, die Gemeinde wird, wenn damit der Grundsatz nicht berührt wird, daß die Beschaffung der Wohnung eine Sorge des einzelnen Bürgers bleiben muß, ebenso wie sie die ärmere Bevölkerung bei Erziehung der Kinder fördert und unterstützt, eine beschränkte Zahl kleinerer Wohnungen selbst oder mit den Mitteln milder Stiftungen beschaffen können, um solchen Personen ausnahmsweise gegen besonders billige Miete eine entsprechende Wohnung überlassen zu können, die gerade einer derartigen Unterstützung besonders bedürftig sind.

Ebenso ausnahmsweise und auf den Fall des wirklichen Bedürfnisses beschränkt, sollte nach meiner Ansicht die Unterstützung gemeinnütziger Baugesellschaften bleiben, da es doch schließlich keinen Unterschied macht, ob die Unterstützung, welche durch Gewährung einer billigen Wohnung dem einzelnen zu teil wird, direkt durch die Gemeinde oder erst mittelbar durch eine gemeinnützige Gesellschaft gewährt wird.

Von diesen allgemeinen Gesichtspunkten lassen sich offenbar auch die englischen Politiker leiten, die allerdings zum Schmerze unserer Gelehrten nicht erst die Grundsätze formuliert, sondern zunächst gehandelt haben. Die Gemeinde oder die Grafschaft greift ein, wenn wirkliche Übelstände vorhanden sind und diese auf anderem Wege, also durch Privatunternehmung nicht beseitigt werden.

Ich möchte hierbei, gelegentlich der Erwähnung der gemeinnützigen Baugesellschaften, einmal eines Umstandes gedenken, der mir bisher noch nicht die genügende Beachtung gefunden zu haben scheint, nämlich des Umstandes, daß sich zur Beschaffung von Wohnungen eigentliche Arbeitergenossenschaften oder Genossenschaften der Interessenten selbst, ähnlich wie die Konsumvereine es sind, noch nicht oder erst in ganz geringem Umfange gefunden haben, daß also aus dem Stande heraus, dem wir die Wohltat des Alleinwohnens in einem Hause und wenn möglich des Wohnens im eigenen Hause zuwenden wollen, ein intensives Bedürfnis hierzu sich nicht geltend gemacht hat. Es liegt dies gewiß nicht daran, daß es jenen Kreisen d. h. Genossenschaften, die sich zu diesem Zwecke bilden würden, schwer fallen würde, das erforderliche Kapital aufzutreiben, denn das würde, wie bei den Konsumvereinen, in der gegenwärtigen Zeit zweifellos unschwer zu erlangen sein. Vielmehr würde sicher, wenn den Arbeitern die Beschaffung eigener Wohnungen im genossenschaftlichen Wege nach ihren sonstigen Verhältnissen so erwünscht erschiene, wie viele glauben, sicher schon in dieser Beziehung vorwärts gegangen worden sein. Die Arbeiter werden aber wohl erwägen, daß sie sich der Wohnung wegen nicht an einen Ort fesseln lassen können, ohne daß sie wissen, ob sich in demselben auch dauernd Arbeit für sie findet, oder ob sie nicht zur Aufsuchung von anderer Arbeit gezwungen sind, den Aufenthaltsort zu wechseln, in welchem Falle dann die Verwertung der Wohnung schwierig und nur mit Verlusten möglich ist. Sollten sich aber wirklich solche Genossenschaften in den Kreisen der ärmeren Bevölkerung bilden, so wäre das sicher nur mit Freuden zu begrüßen, und es könnte dann die Gemeinde, da es sich dann um Leute handelt, die sich bei ihr dauernd niederlassen und dauernd mit ihr verbinden wollen, gern mit ihrem Kredit helfend und fördernd eintreten. Derartige „Wohltaten" aber ungesucht aufzudrängen oder auch nur anzubieten, sollte uns nun endlich die Erfahrung abhalten, die wir mit anderen sozialen Wohltaten gemacht haben.

Ähnlich wie mit dem Wohnungswesen überhaupt, verhält es sich mit dem sog. Schlafstellenwesen. Auch hier sind gesundheitliche und sittliche Übelstände zweifellos vorhanden, und es ist hohe Zeit, daß die Gemeinden mit Erlaß von einschränkenden Vorschriften und ihrer sorgfältigen Durchführung und Überwachung energisch vorgehen. Aber auch hierbei ist zuvörderst die genaue Aufnahme und Ermittelung der tatsächlichen Verhältnisse und weiter große Vorsicht in der Fassung der zu erlassenden Vorschriften erforderlich.

Wenn beispielsweise in Dresden im Jahre 1901 bei der für die Durchführung der Wohnungsordnung erfolgten Erhebung 16018 Wohnungen mit nicht selbständig wirtschaftenden Teilmietern in Betracht kamen, und diese Zahl in Dresden bei seinem jetzigen Umfange sicher mindestens 20000 beträgt, wenn weiter die Einnahmen aus diesen Untervermietungen erfahrungsgemäß 60 und mehr Prozent der Kosten der gesamten Wohnung ausmachen, ja oft mehr betragen, als diese selbst kostet, so kann man sich schon ein Bild machen, wie tief alle Maßnahmen auf diesem Gebiete in die wirtschaftlichen Verhältnisse eines großen Teiles unserer städtischen Bevölkerung eingreifen.

Es ist zweifellos, daß ein großer Teil der Beanstandungen, die sich ergeben werden, ohne Schwierigkeiten durch geringe bauliche Veränderungen, durch unwesentliche Einschränkung der Vermietung und dergl. sich erledigen lassen werden. Im übrigen aber wird die Stadtgemeinde sich gegenwärtig halten müssen, daß es gänzlich ausgeschlossen erscheint, die Tausende von ledigen Personen im wesentlichen anders als in der Form der Teilmiete unterzubringen, und daß die dagegen empfohlenen Maßnahmen, wie Ledigenheime, abgesehen von den Nachteilen des Kasernierens, für großstädtische Verhältnisse keine auch nur annähernd durchgreifende Abhülfe bringen können.

Will man nicht Tausenden von ärmeren Leuten, die jetzt durch das Abvermieten ihre wichtigste Einnahmequelle haben, erheblich schädigen, ja in ihrer Existenz bedrohen, so kann jedenfalls nur ganz langsam und schrittweise eine Änderung in diesen Verhältnissen durchgeführt werden und den Gemeinden selbst werden dabei sicherlich erhebliche Opfer nicht erspart bleiben.

Wie sich ferner die Gemeinde gegenüber ihren eigenen Arbeitern in bezug auf die Wohnungsfrage stellen soll, darauf komme ich nachher zu sprechen.

Zunächst möchte ich, ehe ich die Wohnungsfrage verlasse, noch mit einem Worte die in der Literatur vielfach gleichzeitig behandelte Bodenpolitik im allgemeinen streifen.

Auch hier ist in letzter Zeit unendlich viel debattiert und diskutiert worden von den Radikalen, die wünschen, daß der gesamte Grundbesitz von der Gemeinde allmählich freihändig aufgekauft und nur mietweise an Private überlassen wird, bis zu den verhältnismäßig zahmen Politikern, welche für die Gemeinde mindestens einen Anteil an der Wertsteigerung des Grundbesitzes, sei es in Form einer hohen Grundwertsteuer, sei es in Form einer sehr hohen Besitzwechselabgabe wünschen, die bei den Baustellen womöglich wie ein Prohibitivzoll wirken soll.

Zwischen diesen beiden Richtungen gibt es die verschiedensten Varianten.

Ich lasse mich gern einen barbarischen Ketzer schimpfen,

wenn ich die Ansicht vertrete, daß das Grundeigentum, die wichtigste und unentbehrlichste Voraussetzung für die Existenz des Staates und der Gemeinde, sich nicht zu rechtlichen oder volkswirtschaftlichen Experimenten eignet, daß man also an eine Änderung der bestehenden Rechtsordnung bezüglich des Grund und Bodens nur mit größter Vorsicht und unter Berücksichtigung des geschichtlich Gewordenen herantreten darf.

Politiker, Gelehrte und alle diejenigen, die sich frei wissen von jeder Verantwortlichkeit für die Folgen der Ausführung eines von ihnen für wissenschaftlich richtig erkannten Grundsatzes, haben Maßnahmen empfohlen, die nahezu an die Aufhebung des Privatbesitzes an Grund und Boden überhaupt grenzen.

Derartiges kann man nicht scharf genug bekämpfen.

Unsere gesamte heutige Kultur baut sich auf dieses Privateigentum auf.

Wir wollen es deshalb schützen mit allen uns zu Gebote stehenden Waffen.

Ich bitte mir deshalb auch weiter zu verzeihen, wenn ich auch dem Begriffe der Superficies, die unseren bisherigen Gewohnheiten fremd ist, mit Mißtrauen schon um deswillen gegenübertrete, weil bei dem Erlöschen des superficiarischen Rechtes die tatsächlichen Verhältnisse zweifellos sehr leicht zu Schwierigkeiten und Streitigkeiten führen werden, und weil die Realisierung der Wertsteigerung des Bodens für den Eigentümer des Grund und Bodens damit doch nur hinausgeschoben, nicht ausgeschlossen wird.

Wenn mir aber jemand steuerliche Maßnahmen aus sozialpolitischen Gründen empfiehlt, wie dies bezüglich einer sehr hohen Grundwertsteuer, oder einer Besitzwechselabgabe mit prohibitivem Charakter gegen Baustellenwucher geschieht, so muß ich gestehen, daß ich erst recht mißtrauisch werde, denn ich habe bisher immer die Erfahrung gemacht, daß diejenigen Steuern von längster Dauer sind und als gerechte am leichtesten getragen werden, die nach dem Grundsatze der Leistungsfähigkeit des Steuerpflichtigen in Verbindung mit dem Grundsatze aufgebaut sind, daß die Steuer den Vorteilen angepaßt sein muß, die der einzelne von der Verwendung ihrer Erträgnisse hat.

Gewiß sind Grundwertssteuern und Besitzveränderungs= abgaben gerechtfertigt, aber sie müssen nach diesen steuerlichen Rücksichten konstruiert sein und nicht zunächst und zumeist andere als Steuerzwecke verfolgen.

Dagegen bin ich der Meinung, daß alle Stadtgemeinden dafür sorgen sollten, daß sie in ihrem Weichbild und in allen Stadtteilen möglichst gleichmäßig verteilt, einen großen eigenen Grundbesitz haben und behalten sollen. Sie werden damit zwar nicht die Bodenpreise diktieren können, wohl aber in die Lage kommen, mäßigend auf dieselben einzuwirken; sie werden auch, wenn sie nach den näher ausgeführten Grund= sätzen gezwungen sind, selbst Wohnhäuser zu bauen und zu ver= mieten, hierbei in ihren Entschließungen viel freier sein, als wenn sie den erforderlichen Grundbesitz erst aus Privathand erwerben müssen, ja sie werden, wenn sie selbst auch Vermieter sind, die Wohnungs= und Grundbesitzverhältnisse ihres Bezirks richtiger und sachgemäßer beurteilen, als wenn sie sich ihr Urteil hierüber erst am grünen Tisch ausbilden müssen.

Wenn ich das noch einmal zusammenfassen soll in einem Satz, so empfehle ich:

Stärkung und Kräftigung des privaten Grundbesitzes, sorgfältige Überwachung des Wohnungswesens durch die Stadtverwaltung, daneben aber Erwerbung und Festhaltung eines entsprechend großen städtischen Grundbesitzes, um mäßigend und vorbildlich auf dem Grundbesitz= und Wohnungs= markt auftreten zu können.

Wenn ich vielen von Ihnen bei Behandlung dieses Kapitels vielleicht als ein Rückschrittler, oder dergl. erschienen bin, so hoffe ich Ihrem sozialen Herzen bei dem nächsten Kapitel, der Behandlung der städtischen Betriebe näher zu kommen, weil ich hier selbst einem praktischen Kommunalsozialismus das Wort reden kann.

Man wird in bezug auf diesen Gegenstand zwei Fragen zu unterscheiden haben: einmal, in welchem Umfange erscheint es geboten oder wünschenswert, die Lieferung von Verbrauchsgegenständen in eigene Regie der Gemeinden zu übernehmen, und was haben die Gemeinden bei Führung solcher Betriebe in Erfüllung ihrer sozialen Aufgaben zu beachten.

Die erste Frage werde ich nicht versuchen theoretisch zu beantworten, selbst auf die Gefahr hin, daß ich eines Mangels an Gründlichkeit, an Systematik oder theoretischer Klarheit geziehen werde. Ich befinde mich dann übrigens in guter Gesellschaft, nämlich in derjenigen der größten deutschen und englischen Gemeindeverwaltungen, welch letztere von den deutschen Gelehrten zwar gelobt werden, daß sie neuerdings anfangen, einen gesunden Kommunalsozialismus durch Übernahme der Wasserwerke, der Gasanstalten und der Straßenbahnen in eigenen Betrieb zu entfalten, die aber lebhaft gescholten werden, daß sie das tun, ohne zuvor in gelehrter Diskussion Klärung geschaffen zu haben über die Theorien, nach denen dies zu geschehen hat und über die Grenzen, die dabei zu beachten seien.

Ich halte die Art, wie sich dieser Kommunalsozialismus entwickelt hat, nämlich die vollständig empirische Art, für einen besonderen Vorzug, der ihn seit vielen Jahrzehnten besonders in Deuschland auszeichnet.

Unsere Stadtverwaltungen haben die Gasanstalten, die meist erst im Besitze von Aktiengesellschaften waren, gekauft, als sie bemerkten, daß ja die Stadt selbst der größte

Konsument sei, als sie einsahen, daß Unternehmungen, die die Straßen und Plätze zu ihrem Betriebe benützen mußten, besser von der Stadt selbst geleitet würden, und endlich, daß bei solchen allmählich unentbehrlich gewordenen Verbrauchsgegenständen, wie es das Gas und die Elektrizität ist, ein gutes Stück Geld zu verdienen sei.

Daß aber die Gemeinden imstande sind, die größten Betriebe gut und sachgemäß und vor allem auch billig und in finanzieller Beziehung rationell zu leiten und zu führen, das haben sie hinlänglich bewiesen und braucht nicht mehr erörtert zu werden.

Die Stadtverwaltungen haben bei Anlegung von gemeindlichen Wasserwerken, bei Ankauf von Gasanstalten meist sozialpolitische Erwägungen nicht in erster Linie ausschlaggebend sein lassen, sondern haben einfach festgestellt, daß der Regiebetrieb für ihre Gemeinden unter den örtlichen Verhältnissen das Beste und Vorteilhafteste sei. Ich kann nur empfehlen, daß die Gemeinden auch in Zukunft so verfahren und in erster Linie nicht theoretisch-soziale Betrachtungen für die Frage, ob ein Betrieb in städtische Regie zu übernehmen sei, maßgebend sein lassen, sondern rein praktische. In zweiter Linie wird man ja gewiß auch daran denken müssen, welche soziale Bedeutung dieser Regiebetrieb hat.

Bisher hat sich dieser „Kommunalsozialismus" in Deutschland meist nur auf Beschaffung von Wasser und Gas und neuerdings Elektrizität durch die Gemeinde beschränkt und ist diese Beschränkung kaum als Sozialismus empfunden worden, weil jedermann es allmählich für selbstverständlich ansah, daß so notwendige Lebensbedürfnisse, die noch dazu nur mit Hülfe des öffentlichen Grund und Bodens abgegeben werden konnten, durch die Stadt selbst geliefert werden.

Mit Recht wird neuerdings auch die Übergabe der

Straßenbahnen an die Stadtverwaltungen diskutiert und teilweise bereits durchgeführt.

Denn auch hier handelt es sich um ein für den Großstädter zum Lebensbedürfnis gewordenes Verkehrsmittel, das noch dazu nur möglich ist unter Ausnutzung wichtiger und bedeutungsvoller Monopolrechte auf den öffentlichen Straßen.

Die öffentliche Meinung verlangt, daß alles dies den einzelnen möglichst billig überlassen, und daß der dabei erzielte Gewinn, der doch nur durch eine Konzession der Stadt möglich ist, auch der Stadt selbst und nicht einzelnen Privatpersonen oder Aktionären zugute komme, ja daß der ganze Betrieb in erster Linie nicht nur nach den Rücksichten auf den Reingewinn, sondern auch nach den Rücksichten auf die öffentlichen Bedürfnisse geführt werde.

Ich halte diese Entwicklung für gesund und richtig und wünsche nur, daß sie, wie bisher, in Deutschland und England schrittweise und empirisch, nicht überstürzt und nicht auf Grund von grauen Theorien vorwärts geht.

Eine speziell Dresdner Einrichtung darf ich hierbei nicht unerwähnt lassen: die städtische Grundrenten- und Hypothekenanstalt, die wir bei ihrer Errichtung und Verwaltung als eine in hervorragendem Maße sozialen Zwecken dienende Einrichtung aufgefaßt haben und noch auffassen, allerdings nicht in dem Sinne, daß sie speziell dem Arbeiterstande dienen, sondern daß sie uns helfen soll, einen gesunden und wirtschaftlich starken Mittelstand zu erhalten.

Wir sind mit dieser Anstalt zu Zeiten schwieriger Grundkreditverhältnisse mit Erfolg bemüht gewesen, die Krisis im städtischen Grundbesitz zu mildern, viele Zwangsversteigerungen, die er-

folgt wären, wenn wir namentlich nicht auch zweite Hypo=
theken gewährt hätten, zu vermeiden.

Wir haben allerdings den Aktienhypothekenbanken
Konkurrenz gemacht.

Da wir aber niemals ohne einen angemessenen billigen
Nutzen, der natürlich wieder der Allgemeinheit zugute kommt,
gearbeitet haben, so war diese Konkurrenz auch für diese
Gesellschaften stets eine erträgliche; wir glauben sie auch damit
veranlaßt zu haben, unserem Dresdner Grundbesitz besondere
Aufmerksamkeit zuzuwenden. Durch die mit der städtischen
Hypothekenbank verbundene Rentenanstalt haben wir
ferner für die Aufschließung neuer Straßen die Aufbringung
der hier sehr erheblichen Anliegerleistungen, namentlich
auch solcher Leistungen erleichtert, die einzelnen Stadtteilen
für Beschaffung von Plätzen auferlegt werden mußten.

Überdies aber ist die Anstalt in hervorragendem Maße
dazu bestimmt, den Hausbesitzern die Durchführung
der Schwemmkanalisation, die hoffentlich im nächsten
Jahre hier begonnen wird, ohne Inanspruchnahme teurer
Kredite und bei sachgemäßer Verteilung der Lasten auf eine
längere Reihe von Jahren zu ermöglichen. Wir werden, und
hoffentlich mit Erfolg, versuchen, für diese besonderen Renten=
lasten das gesetzliche Vorzugsrecht vor den Hypothekariern zu
erlangen.

Wir sind hier einmal, ohne ein Vorbild im Reiche, von
Stadt wegen vorgegangen, haben aber die Freude, allgemeine
Anerkennung gefunden und neben dem geleisteten Nutzen
auch einen guten finanziellen Erfolg erzielt zu haben.

Bisher haben wir alle Überschüsse lediglich dem Reservefonds
zugeführt. Künftig werden wir nicht unwesentliche Beträge zu
gemeinnützigen Zwecken verwenden können, und wenn es ge=
länge, sie insbesondere dazu heranzuziehen, daß ältere Stadt=
teile verbessert, schlechte und ungesunde Wohnhäuser abgebrochen

und sachgemäß erneuert, kurz, der bewohnte Grund=
besitz in der Stadt verbessert werde, so würde noch ein
weiterer sozialer Zweck, der auch mit der Entstehung des
Gewinnes einen gewissen ursächlichen Zusammenhang hat,
damit gefördert.

Mit diesen Darlegungen will ich nicht beweisen, daß sich
ähnliche Einrichtungen auch für andere Orte empfehlen.

Vielleicht versucht es anderwärts der Grundbesitz, sich
in der Weise, wie es hier die Stadtgemeinde getan hat, selbst
zu helfen, oder es ist anderwärts ein Bedürfnis für derartige
Einrichtungen überhaupt nicht vorhanden. In jedem Falle
empfehle ich auch hier, nur auf Grund genauer Prüfung der
örtlichen Verhältnisse und nach Maßgabe der örtlichen Be=
dürfnisse vorzugehen.

Ich komme nun zu der zweiten vorhin von mir gestellten
Frage:
> Wie sind die städtischen Betriebe zu verwalten, damit
> die Gemeinde auch in dieser Beziehung ihre sozialen
> Pflichten erfüllt?

Zunächst, meine ich, sollen die städtischen Betriebe in
wesentlichen Punkten ebenso geführt werden, wie die best=
verwalteten Privatbetriebe.

Sie sollen vor allen Dingen nicht die Verbrauchsartikel
nur zum Selbstkostenpreis abgeben und auf jeden Gewinn
verzichten, wie es ein kurzsichtiger Kommunalsozialismus
fordern möchte und tatsächlich teilweise gefordert hat. Sie
sollen zunächst in sich wirtschaftlich stark sein, d. h. sie
müssen, wie ein guter Kaufmann es tut, so verwaltet werden,
daß die in dem Betriebe angelegten Kapitalien durch Rücklage
einer entsprechenden Quote des Bruttogewinnes, amortisiert
werden. Denn niemand ist so gescheit — und wir auf dem Rat=
hause sind es auch nicht — daß er mit Sicherheit Gewähr
dafür übernehmen könnte, daß nicht durch große elementare

Betriebsstörungen rasch erhebliche Mittel gebraucht, daß nicht durch neue technische Erfindungen kostspielige Einrichtungen entwertet werden, daß nicht infolge Veränderung in wirtschaftlichen Verhältnissen große Kapitalanlagen nutzlos bleiben.

Kann aber aus allen solchen Geschehnissen eine erhebliche Belastung der Gemeinde, die einen großen Betrieb selbst übernommen hat, eintreten, so hat die Verwaltung vor allem die Pflicht, so viele Reserven anzusammeln, daß die Steuerzahler davor geschützt werden, dadurch in Mitleidenschaft gezogen zu werden.

Diese wirtschaftliche Grundlage betrachte ich geradezu als eine fundamentale, auch in sozialem Interesse zu fordernde Voraussetzung für jeden Gemeindebetrieb. Ja, ich habe nie recht eingesehen, warum nicht auch die staatlichen Betriebe so verwaltet werden. Hätte man es getan, so würde man wahrscheinlich in den meisten Staaten jetzt etwas weniger Eisenbahnschmerzen haben, als es tatsächlich der Fall ist.

Ich gehe aber noch weiter und meine, daß die Allgemeinheit der gesamten Bürgerschaft den Anspruch darauf hat, daß Betriebe der Gemeinden, welche nicht lediglich ein notwendiges Lebensbedürfnis, wie es das Wasser etwa ist, zu versorgen haben, noch mit sachgemäßen Überschüssen arbeiten und daß diese Überschüsse zur Erleichterung der Gemeindelasten überhaupt verwendet werden sollen.

Wir müssen meines Erachtens auf das nachdrücklichste dagegen uns sträuben, daß man uns mit der Deckung der alljährlich steigenden Bedürfnisse der Gemeinden lediglich auf Steuern oder gar auf direkte Steuern anweist. Der soziale Friede in einer Gemeinde wird gewiß nicht gefördert, und die Gemeinden werden nicht leichter an Erfüllung besonderer sozialer Aufgaben herantreten, wenn die Steuerleistungen der Ge=

meinden erhöht werden müssen und wenn über die Art, wie dies zu geschehen hat, zwischen den Interessenten heftige Kämpfe entbrennen.

Umgekehrt wird den Gemeinden die Erfüllung ihrer sozialen Aufgaben wesentlich erleichtert, wenn die dazu erforderlichen meist sehr erheblichen Mittel nicht durch Steuerleistungen allein, sondern zu einem wesentlichen Teile auch aus dem Vermögen der Gemeinden oder aus ihren Gewerbebetrieben gedeckt werden können.

In gleicher Linie mit diesen Betrachtungen in bezug auf die gemeindlichen Betriebe stehen die Grundsätze, welche die Gemeinden gegenüber den Arbeitern in diesen Betrieben anwenden sollen. Auch hier bin ich der für viele von Ihnen vielleicht ketzerischen Ansicht, daß die Gemeinden in der Hauptsache sich so verhalten sollen, wie es von einem guten Hausvater und tüchtigen Fabrikanten erwartet wird, d. h. die Gemeinden sollen gute und auskömmliche Löhne zahlen, aber doch nicht höhere Löhne, als im besten Falle in der Gemeinde für die gleiche Arbeit von Privaten gezahlt werden.

Mehr zu gewähren würde nicht nur unwirtschaftlich und darum den Steuerzahlern gegenüber pflichtwidrig sein, es würde auch für den Arbeitsmarkt des Ortes überhaupt nachteilige Folgen zeitigen und dadurch das Gemeinwesen schädigen.

Dagegen sollen die Gemeindebetriebe in allen Fragen, welche das körperliche und geistige Wohl der Arbeiter berühren, mustergültig geführt werden, namentlich, was die Vermeidung zu langer Arbeitszeit und die sorgfältige Rücksichtnahme auf die Gesundheit der Arbeiter betrifft.

Es kommt da nach Befinden besondere Verpflegung und bei einzelnen Arbeitern — ich erinnere an die Arbeiter in den Kanälen, vor den Öfen der Gasanstalten und dergl. — Beschaffung besonderer Kleidung u. s. w. in Betracht.

Endlich aber lege ich besonderen Wert auf eine Erweiterung der Fürsorge für den Fall der Krankheit, der Invalidität oder des Todes. Die reichsgesetzlichen Bestimmungen über Krankenversicherung, Alters- und Invaliditätsversicherung bieten in dieser Beziehung dem Arbeiter gewiß schon vieles. Aber die Städte sollten diese Fürsorge nach Maßgabe der erhöhten Ansprüche, die an den großstädtischen Arbeiter gestellt werden, doch noch erhöhen. Sie sollten erwägen, daß sie zahlreiche nicht gelernte Leute in Beamtenstellungen beschäftigen als Aufwärter, Boten und dergleichen, denen sie meist schon seit vielen Jahrzehnten Pensionsrechte nicht nur für ihre Person, sondern auch für ihre Hinterlassenen eingeräumt haben. Sie sollten erwägen, daß der Unterschied zwischen solchen Beamten und zahlreichen tüchtigen Arbeitern in der Vorbildung und Arbeitsleistung entweder ganz verschwindet oder aber zu Gunsten der Arbeiter spricht und sie sollten daraus die Konsequenz ziehen, allmählich und schrittweise jene Wohltaten auch den Arbeitern zu teil werden zu lassen.

In den meisten Großstädten unseres Vaterlandes und in zahlreichen mittleren Städten ist in den letzten Jahren in dieser Beziehung bereits ganz Hervorragendes geleistet worden.

Fast alle haben besondere Krankenkassen mit höheren Leistungen eingerichtet und Arbeiterordnungen für ihre Lohnarbeiter erlassen, in denen sie günstige Arbeitsbedingungen im allgemeinen festsetzen, Dienstalterszulagen normieren, Zulagen zur reichsgesetzlichen Alters- und Invalidenrente in Aussicht stellen, den Witwen und Waisen eine bestimmte Unterstützung gewähren und zur Beratung über Meinungsverschiedenheiten bei Auslegung der Arbeitsbedingungen, wie über die Arbeiterverhältnisse überhaupt Arbeiterausschüsse einsetzen.

Sie haben in dieser Beziehung bereits ein großes Stück sozialer Arbeit getan, und dieses Gebiet weiter auszubauen bleibt eine ungemein dankbare und wichtige Aufgabe für sie, nicht bloß, weil sie damit vorbildlich ebenso für die privaten großen Arbeitgeber wie auch für den Staat vorangehen, sondern weil sie damit ihre Pflicht erfüllen und in den Arbeitern die Überzeugung schaffen und stärken, daß auf den Rathäusern unserer deutschen Städte ein gerechter Sinn und der energische Wille herrscht, den wirtschaftlich schwachen Bürger zu kräftigen und zu heben und den sozialen Frieden zu fördern.

Speziell das System der Dienstalterszulagen halte ich für besonders wichtig, wie es denn auch die meisten Arbeiterordnungen u. a. auch die Dresdner vorsehen.

Es wird damit die Zusammengehörigkeit der Betriebe und des Arbeiters und das Interesse, welches die Stadt an der Beibehaltung eingerichteter und treuer Leute hat, am besten dokumentiert.

Haben aber die Arbeiter selbst auch ein am Lohn zum Ausdruck kommendes Interesse daran, die städtischen Betriebe nicht zu verlassen, so werden sie auch den Einwand gegen die Erstellung von Wohnungen seitens des Arbeitgebers, daß sie ihre Freizügigkeit hemme, nicht mehr in dem Maße erheben wollen und gern die Wohltat von mit der Arbeitsstelle verbundenen Wohnungen als solche anerkennen.

Derartige Wohnungen scheinen aber überall da erwünscht oder notwendig, wo die Betriebsstätte von bewohnten Stadtvierteln entfernt liegt und die Kräfte und die Zeit des Arbeiters durch weite Wege zur Arbeitsstätte übermäßig in Anspruch genommen werden, ebenso da, wo die Wohnungspreise durch die Konjunkturen eine unangemessene Steigerung erfahren haben.

Dabei braucht die Stadt nicht eine direkte Unterstützung

an die Arbeiter zu gewähren, sondern die Wohnungsmieten nur so zu berechnen, daß eine angemessene billige Verzinsung ihrer Kapitalien und eine gute Unterhaltung der Gebäude möglich ist.

Alles das aber wird am zweckmäßigsten eingerichtet und geordnet werden, wenn man sich nicht scheut, die Arbeiter selbst bei der Ausführung zu hören und sich hiervon auch nicht durch einige oder viele schlechte Erfahrungen abhalten läßt. Denn im großen und ganzen besteht doch darüber kein Zweifel, daß die Arbeiter selbst am besten wissen, wo sie der Schuh drückt und ebensowenig darüber, daß in den allermeisten Fällen in ruhigem mündlichen Verkehr mit unseren deutschen Arbeitern in der Regel selbst über schwierige Fragen eine Verständigung sich erzielen läßt.

Ich brauche nur daran zu erinnern, wie selten in den großen Betrieben der deutschen Städte Arbeitseinstellungen vorgekommen sind. Das wird aber hoffentlich ganz vermieden werden, wenn die Städte auf dem von mir geschilderten Wege fortfahren, ihre soziale Aufgabe ihren eigenen Arbeitern gegenüber zu erfüllen.

Wenn von gewisser Seite gefordert wird, daß die Stadtgemeinden möglichst überhaupt alle ihre Arbeiten in eigener Regie ausführen müßten, um eventuell tunlichst zahlreiche Arbeitslose beschäftigen zu können, so kann ich diese Forderung ebensowenig als berechtigt anerkennen wie die andere, daß die Stadt bei Vergebung von Arbeiten sich eine Aufsicht über den Arbeitsvertrag des Unternehmers mit seinen Arbeitern vorbehalten solle. Ich bin in dieser Beziehung anderer Ansicht als Herr Kollege Adickes.

Die erste dieser Forderungen gründet sich auf die Utopie, daß die Gemeinden imstande seien, jeder, auch der ausgedehntesten Arbeitslosigkeit durch Beschaffung passender und lohnender Beschäftigung zu steuern.

Ich leugne auf Grund langjähriger Erfahrung diese Möglichkeit entschieden, bestreite auch eine soweitgehende Verpflichtung und erkenne sie nur an, soweit sie sich sachlich mit der Verpflichtung der Gemeinde als Armenverband den Unterstützungsbedürftigen gegenüber deckt.

Im übrigen verweise ich auf das, was ich vorhin über die Arbeitslosenversicherung gesagt habe.

Die zweite Forderung aber weise ich in dieser Allgemeinheit gleichfalls zurück.

Gewiß werden wir Bedenken tragen, einem Unternehmer die Ausführung einer Arbeit zu übertragen, von dem wir wissen, daß er gegen seine Arbeiter hart verfährt, oder sie ungebührlich ausnutzt.

Weiter zu gehen und uns in die Einzelheiten der Arbeitsverträge zu mischen, das geht über unsere Aufgabe hinaus und ist in keinerlei gesetzlicher Vorschrift begründet.

Ich komme zum Schluß.

Wie in den Angelegenheiten der Arbeiter ihrer eigenen Betriebe, so werden die Gemeinden auch bei Behandlung aller anderen sozialen Aufgaben gut daran tun, nicht vom bureaukratischen Standpunkte, nicht vom grünen Tische aus Vorschläge zu machen und Einrichtungen zu treffen, sondern immer nach Gehör der unmittelbar beteiligten Kreise vorzugehen. Die dadurch gewonnene persönliche Fühlung wirkt allein schon ausgleichend und versöhnend, weil verständigend und klärend. Sie wird aber naturgemäß am besten gewonnen, wenn alle Kreise und Stände der Bürgerschaft auch in ihren Vertretungskörpern vorhanden sind und zum Worte kommen, mit anderen Worten, wenn das Wahlrecht in den Gemeinden so geordnet ist, daß ohne sonderliche Kämpfe der einzelnen Stände gegeneinander ihnen eine ihrer geistigen und wirtschaftlichen Bedeutung entsprechende Vertretung gesichert ist.

Ein auf solcher Grundlage beruhendes, den einzelnen

Städten angepaßtes Wahlrecht zu schaffen, ist gewiß eine unendlich schwierige Aufgabe, die nur erst in wenigen Fällen zur Zufriedenheit gelöst ist.

Sie ist aber wahrlich des Schweißes der Edlen wert und es wird uns sicher nicht erspart bleiben, diese soziale Pflicht zu erfüllen.

Möchte auch diese Aufgabe allenthalben zum Heile und Glücke unserer deutschen Städte, zum Segen unseres geliebten Vaterlandes gelöst werden!

(Lebhafter anhaltender Beifall.)

Printed by Libri Plureos GmbH
in Hamburg, Germany